Michael Kleim

# Psychologiczna i duszpasterska opieka nad krewnymi po samobójstwie

Michael Kleim

# Psychologiczna i duszpasterska opieka nad krewnymi po samobójstwie

Wydawnictwo Bezkresy Wiedzy

**Imprint**
Any brand names and product names mentioned in this book are subject to trademark, brand or patent protection and are trademarks or registered trademarks of their respective holders. The use of brand names, product names, common names, trade names, product descriptions etc. even without a particular marking in this work is in no way to be construed to mean that such names may be regarded as unrestricted in respect of trademark and brand protection legislation and could thus be used by anyone.

Cover image: www.ingimage.com

Publisher:
Wydawnictwo Bezkresy Wiedzy
is a trademark of
International Book Market Service Ltd., member of OmniScriptum Publishing Group
17 Meldrum Street, Beau Bassin 71504, Mauritius
Printed at: see last page
**ISBN: 978-620-0-54151-2**

## Treść

*Ten, który miał to samo przydarzyć się jemu;*
*A ci, którzy ją nosili, niech mi wybaczą.*
*Pamiętaj, twoja własna śmierć, ty tylko umierasz,*
*Ale jeden musi żyć ze śmiercią innych.*
*Masza Kaleko*

## Przedmowa

To był nekrolog, który na chwilę wytrącił mnie z równowagi. Trzy lata po ukończeniu szkoły średniej przeczytałem w gazecie, że jeden z moich szkolnych kolegów został pochowany. Dopiero później, po wizycie u jego rodziców, dowiedziałem się o okolicznościach jego śmierci. Był jednym z niezliczonych ludzi, którzy nie byli pod presją problemów osobistych i codziennego nękania. Podczas służby wojskowej w NVA sam położył kres swojemu życiu. Nie pamiętam, jak zdesperowani i beznadziejni byli jego rodzice, gdy opowiadali mi o tle tych wydarzeń. Równie dobrze pamiętam, co jeszcze mi powiedzieli: jak oni, zainteresowani krewni, byli traktowani. Było to dla nich bardzo trudne, ale w końcu rozmawiali o dystansie i zimnie, z którymi się zetknęli i o uwłaczających im wyrokach o ich synu. Żałoba po ukochanej osobie była dodatkowo obciążona innymi obciążeniami emocjonalnymi.
W międzyczasie wielokrotnie miałem kontakt z krewnymi, którzy stracili kogoś przez samobójstwo. Jako protestancki pastor, poradnictwo w sprawie żalu jest jednym z moich podstawowych zadań jako pastora. W kontekście tego zadania jestem nieustannie konfrontowany ze zjawiskiem "samobójstwa". Doświadczam krewnych, którzy oprócz utraty ważnej postaci przywiązania, noszą w sobie kolejne głębokie rany emocjonalne. Doświadczam krewnych, którzy torturują się powtarzającymi się, zawsze bez odpowiedzi pytaniami. Doświadczam krewnych, którzy widzą, że ich własne życie jest radykalnie kwestionowane. Doświadczam krewnych, którzy nagle znaleźli się w sytuacji wykluczenia i którzy teraz muszą zmagać się z tematem społecznego tabu.
Każda żałoba oznacza poważną sytuację kryzysu psychologicznego. Żałoba jest przyćmiona przez czas. Ale po samobójstwie na duszę nakłada się dodatkowe obciążenia, które sprawiają, że proces żałoby jest jeszcze ciemniejszy, jeszcze bardziej paraliżujący. Żal po samobójstwie jest przyćmiony żalem.
Proces żałoby krewnych po samobójstwie różni się od innych procesów żałobnych. Proces ten zazwyczaj trwa dłużej i w większym stopniu zmienia

daną osobę. Potrzeba więcej cierpliwości i siły, aby w końcu pogodzić się z tym losem. Istnieje tylko cienka ściana oddzielająca krewnych od niebezpieczeństwa zachorowania psychicznego lub samobójstwa.
Wspieranie, towarzyszenie i doradzanie ludziom w tej sytuacji wymaga empatii i wrażliwości, ale także wiedzy i kompetencji. Czy to ludzie ze środowiska rodzinnego, czy też z kręgu przyjaciół, czy to personel medyczny, pomocnicy hospicjów, czy duszpasterze - wszyscy oni mogą stać się ważni, nawet decydujący o przetrwaniu tych krewnych. Ale nie tylko poszkodowani ludzie, ale także potencjalni pomocnicy czują się bezradni, bezsilni i przeciążeni.
Badając tę pracę, zauważyłem, że istnieje ogromna ilość literatury zajmującej się zapobieganiem samobójstwom i postępowaniem z osobami zagrożonymi samobójstwem. Liczba książek, które zajmują się szczególnym procesem żałoby i szczególną sytuacją krewnych po samobójstwie, jest jednak ograniczona. To głównie dzięki grupom samopomocy ta strona jest obecnie również przedmiotem publicznej dyskusji.
W swojej pracy magisterskiej chciałbym zastanowić się nad własnym doświadczeniem zawodowym jako pastor z perspektywy "opieki psychologicznej nad krewnymi po samobójstwie" w celu wyjaśnienia decydujących aspektów wsparcia i doradztwa psychologicznego osób dotkniętych chorobą. Powinno to być również pomocą i zachętą dla innych do pomocy i bycia tam dla ludzi w takiej sytuacji. Również pomocnicy i pomocnicy dla krewnych po samobójstwie wymagają na tej drodze wiele cierpliwości i siły. Mascha Kaleko opisała cel tej ścieżki w swoim wierszu "Pamiątka". Możemy towarzyszyć krewnym, aby krok po kroku nauczyć się żyć z wybraną przez siebie śmiercią bliskiej osoby. Możemy pomóc im znaleźć odwagę, by wyszli z cienia śmierci i ponownie weszli na swoją własną drogę życia.

## Zjawisko "samobójstwa"

Instynkt przetrwania jest jednym z podstawowych podstawowych odruchów każdej istoty ludzkiej. Pragnienie zapewnienia sobie dalszego istnienia znajduje odzwierciedlenie w wielu dziedzinach ludzkiego społeczeństwa: przepisy prawne, opieka medyczna, rozwiązania techniczne, tworzenie służb ratunkowych. Każdy, kto jest w niebezpieczeństwie, instynktownie szuka ochrony i pomocy. Wola przetrwania pojawia się jako naturalna, zrozumiała, słuszna rzecz.

A jednak częścią naszej rzeczywistości jest to, że raz po raz ludzie sami decydują się umrzeć i zakończyć swoje życie. Dotknięte środowisko zwykle reaguje na to z niepewnością i odpornością. Poważne naruszenie tabu nagle stawia pod znakiem zapytania to, co jest naturalne, zrozumiałe i słuszne. Samobójstwo jest interpretowane jako niezwykle agresywny akt, który nie tylko niszczy daną osobę, ale także zagraża życiu wspólnoty. Jednak wszystkie prawne, moralne i religijne mechanizmy obronne w poszczególnych epokach i kulturach ludzkiej historii nie mogły powstrzymać ludzi przed zabijaniem się.

Dla krewnych jednak ten pogląd na świat był decydujący. Z jednej strony, sami krewni podzielali tę ocenę samobójstwa i byli już wspierani w poważnym konflikcie, który obciążał ich żal. Często mieli do czynienia z ukrytymi lub otwartymi oskarżeniami lub znaleźli się na marginesie społeczeństwa, jako grupa odrzucona i wykluczona.

Ocena i pogląd społeczeństwa, własna kultura samobójstwa bezpośrednio wpływa na sytuację krewnych. W tym momencie istnieje zasadnicze zadanie dla proboszczów i doradców psychologicznych, którzy mogą przyczynić się do zmniejszenia istniejących uprzedzeń i tabu samobójstw, dostarczając społeczeństwu faktycznych informacji.

## Samobójstwo jako rzeczywistość w naszym społeczeństwie

*"To nieprzyjemna prawda. Samobójstwa zdarzają się wśród nas codziennie, o każdej porze. Każdego roku w Niemczech więcej osób popełnia samobójstwa niż wynosi całkowita liczba zgonów z powodu ruchu drogowego i AIDS. To jak małe miasteczko umierające z roku na rok z powodu samobójstwa. "*[1]

Statystyki popierają to stwierdzenie trzeźwymi danymi liczbowymi:
Każdego roku od 11.000 do 12.000 zgonów w Niemczech oficjalnie przypisuje się przyczynę samobójstwa.[2] Liczba zgonów samobójczych w Niemczech w 2006 roku podana jest przez "Statistę" jako 10,9 na 100.000 mieszkańców.[3] Samobójstwo jest drugą główną przyczyną zgonu w grupie wiekowej od 15 do 35 lat, choć wynika to z niższego prawdopodobieństwa zachorowania w tej fazie życia.[4] Samobójstwo jako przyczyna śmierci nabiera poważnego znaczenia w grupie wiekowej osób powyżej 60 roku życia.[5] Oceniając te liczby, nie należy zapominać, że istnieje dodatkowa szacunkowa liczba nie zarejestrowanych przypadków samobójstw. Ile samobójstw jest oficjalnie zarejestrowanych jako wypadki drogowe, domowe, kraksowe lub narkotykowe?

To przede wszystkim ludzie w trudnych sytuacjach życiowych decydują się na zabicie siebie. Następujące grupy są szczególnie narażone na ryzyko[6]:

- Ludzie, którzy cierpią na depresję
- Ludzie ze schizofrenią
- Ludzie, którzy są samotni i nie mają kontaktów towarzyskich
- osoby starsze
- Osoby uzależnione od alkoholu, narkotyków psychotropowych, opiatów lub innych substancji
- chronicznie chorzy ludzie
- Pacjenci cierpiący na ból
- Osoby znajdujące się w ostrych sytuacjach kryzysowych (separacja, konflikty w szkole lub w pracy, żałoba).

Istnieją różnice między płciami w sposobie, w jaki ludzie kończą swoje życie. Rozróżnia się "twarde" i "miękkie" metody samobójcze.[7] Mężczyźni są

---

[1] Otzelberger, Manfred 2002, s. 14f.
[2] http://de.wikipedia.org/wiki/Suizid#Statistik odzyskany 25 lipca 2008 r.
[3] http://de.statista.org/statistik/daten/studie/584/umfrage/zahl-der-sterbefaelle-durch-suizid-nach-bundeslaendern/ odzyskany 24 lipca 2008 r.
[4] http://de.wikipedia.org/wiki/Suizid#Statistik odzyskany 25 lipca 2008 r.
[5] Otzelberger, Manfred 2002 s. 15f
[6] Ibid. str. 41ff.

bardziej skłonni do bardziej drastycznych, twardszych i bezpieczniejszych form, takich jak strzelanie, wieszanie, podcinanie nadgarstków, podczas gdy kobiety są bardziej skłonne do zatrucia się narkotykami lub wejścia do wody. "Rodzaje samobójstw *są często lepiej rozumiane na tle specyfiki społecznej (np. piece gazowe kuszą ludzi do zatrucia się tlenkiem węgla, samochody do rozbicia się o ścianę lub drzewo), formy samobójstwa mogą mieć ukryte znaczenie (np. zagazowanie się może być związane z komorami gazowymi hitlerowców - nieświadomy akt pokuty przez potomka sprawców).*[8]

Prawie każda osoba popełniająca samobójstwo zostawia po sobie krewnych, przyjaciół lub sąsiadów, którzy są następnie dotknięci tym wydarzeniem. Często muszą dźwigać ciężar takiej śmierci przez lata. Ponadto, sami krewni są w wysokim stopniu narażeni na samobójstwo, ponieważ samobójstwa często skutkują obniżeniem własnego progu zahamowania samobójstwa.
Za każdą liczbą w statystykach samobójstw kryje się konkretna osoba z unikalną historią. A za każdą z tych konkretnych osób kryją się inne osoby, które są związane z samobójstwem poprzez ból, strach i żal. W tym momencie możemy jedynie domyślać się, jaki wymiar samobójstwa faktycznie przybiera w naszym społeczeństwie.

---

[7] http://www.franz-ruppert.de/html/hauptteil_suizid.htm odzyskany dnia 15 października 2008 r.
[8] Ibidem.

## Samobójstwo jako wydarzenie psychodynamiczne

Decydujące pytanie, które porusza rodzinę i środowisko, brzmi: Dlaczego człowiek odbiera sobie życie? W większości przypadków samobójstwo nie jest wynikiem nagłej, spontanicznej reakcji, lecz narasta u osoby dotkniętej chorobą w dłuższym okresie czasu. Samobójstwo jest określane jako "[9]*zachowanie wieloczynnikowe"*, w którym trzy czynniki odgrywają decydującą rolę[10]:

- zwężenie afektywno-poznawcze, które może być szczególnie zauważalne w pewnych zaburzeniach psychicznych (np. depresji)
- zawężenie psychospołeczne sytuacji życiowej, które jest spowodowane pewnymi wydarzeniami biograficznymi i osobistymi (np. utratą ważnych opiekunów)
- wolną wolę.

Ta ostatnia kwestia jest wyraźnie kwestionowana w literaturze psychologicznej, *"ponieważ za tak zwaną "decyzją wolnej woli" często kryją się zjawiska psychopatologiczne, gdy są bliżej zbadane.*[11]

Akty samobójcze mogą być postrzegane jako próba reakcji na kryzys życiowy. Kryzys rozumiany jest jako zdarzenie lub zdarzenie, które "*nie może być bezpośrednio przetworzone przez osobę dotkniętą kryzysem".*[12]Kryzys jest postrzegany jako egzystencjalne wyzwanie i zagrożenie. Należy odróżnić przyczynę samobójstwa od wyzwalacza samobójstwa. Spust samobójczy jest impulsem zewnętrznym (np. samobójstwo w otoczeniu osoby dotkniętej chorobą), który pozwala zamienić zamiar samobójczy na konkretne działania. Za samobójstwem lub próbą samobójczą stoją następujące motywy psychologiczne:

- Demonstracyjny apel do środowiska, wołanie o pomoc
- radykalna rozpacz i poczucie beznadziejności
- przytłaczające poczucie bezradności
- Autoagresywność
- zaburzona samoocena, nienawiść do siebie
- Pragnienie zasadniczej zmiany sytuacji

---

[9] Möller, Hans Jürgen Laux, Gerd and Deister, Arno 2005 p.380
[10] Ibidem.
[11] Ibidem.
[12] Kunsch, Elvira 2007, s. 5

- Przeciążenie, uczucie silnego ciśnienia wewnętrznego lub zewnętrznego
- Tęsknota za przerwą, odpoczynkiem, spokojem
- nierozwiązane konflikty
- Wina, chęć pokuty
- Zewnętrzna agresja, zamiar ukarania "innych".

Według Pöldingera, są[13]trzy etapy w okresie poprzedzającym rozwód samobójczy:
Etap rozważań o samobójstwie - samobójstwo jest uważane za rozwiązanie problemu lub możliwość zarządzania kryzysowego. Życzenia śmierci i fantazje samobójcze powstają.
Etap ambiwalencji - Komunikaty o samobójstwach są wysyłane w formie bezpośredniej lub pośredniej. Etap ten charakteryzuje się niepewnością. Na tym etapie kluczowe znaczenie ma postrzeganie komunikatów o samobójstwach jako egzystencjalnego sygnału SOS i traktowanie ich poważnie.
Etap decyzyjny - Podjęto decyzję o popełnieniu samobójstwa i prowadzone są konkretne przygotowania. Na zewnątrz osoby poszkodowane wyglądają na spokojne; to właśnie ten "spokój przed burzą" może prowadzić do błędnej oceny ostrego ryzyka samobójstwa.

[14]Ringel jest źródłem opisu zespołu presuicydalnego, który występuje przed popełnieniem samobójstwa lub próby samobójczej. Charakteryzuje się:

- zwiększenie zwężenia w następujących obszarach - zwężenie sytuacyjne, zwężenie dynamiczne, zwężenie społeczne, zwężenie percepcji, zwężenie świata wartości. Prowadzi to do izolacji i zakłóceń w kontakcie.
- Zatłoczenie agresji i odwrócenie agresji - nie ma odrzucenia agresji, agresja jest skierowana przeciwko własnej osobie.
- Fantazje samobójcze - myśli o śmierci są aktywnie zamierzone lub biernie narzucane. Ciągła troska o samobójstwo staje się coraz bardziej intensywna wraz z zawężaniem się sytuacji.

[13] Pöldinger "Od myśli samobójczych do samobójstwa", 1998 odzyskany na stronie http://www.teachsam.de/pro/pro_selbsttt/pro_sui_jug/pro_suiz_jug_2.htm 20 września 2008 r.
[14] por. Möller, Hans Jürgen Laux, Gerd and Deister, Arno 2005 s.389

Löchel[15]różnicuje ponadto zespół presuicydalny w odniesieniu do ryzyka u dzieci i młodzieży. Jako najważniejsze oznaki wymienia pośrednie i bezpośrednie zapowiedzi samobójstw. Ponadto wylicza między innymi:
"*niektóre wpisy w dzienniku*
*modele samobójcze np. idioci*
*Myśli samobójcze w poprzedniej historii (anamneza)*
*Konkretne pomysły na przeprowadzenie próby samobójczej*
*Fantazje o "po".*
*"Sny o samobójstwie lub katastrofie"*
*Samobójcze obsesje lub impulsy*
*Ograniczenia dotyczące wylęgu*
*Tęsknota za wyjazdem, za spaniem.*
*Uczucie beznadziejności lub bezsensowności*
*uczucie samotności, izolacji lub rozpaczy*
*poczucie niższości*
*poczucie winy, poczucie własnej winy*
*Nastroje dysporyczne, np. depresja, odrzucenie, bezradość*
*Strachy*
*obsesje nie samobójcze*
*Subiektywne wrażenie, że nie jest się wystarczająco kochanym*
*apatia, apatia*
*wewnętrzny niepokój, napęd*
*Uczucie "nie bycia smutnym", "wewnętrznej pustki"*
*Wahania nastrojów..."*[16]

W celu zidentyfikowania tendencji samobójczej należy zwrócić uwagę na znaki opisane powyżej. Wszelkie formy zwężenia, zachowania zagrażające samemu sobie oraz bezpośrednie lub pośrednie zapowiedzi samobójstw są wyraźnymi sygnałami ostrzegawczymi. Osoby z istniejącymi wcześniej zaburzeniami psychicznymi, w szczególności zaburzeniami depresyjnymi, schizofrenią lub uzależnieniem, są narażone na zwiększone ryzyko samobójstwa. Osoby znajdujące się w sytuacjach kryzysowych potrzebują również szczególnego wsparcia psychologicznego z punktu widzenia profilaktyki samobójczej.

---

[15] Löchel "Oznaki ryzyka samobójczego u dzieci i młodzieży", 2002 r., ściągnięte z http://www.teachsam.de/pro/pro_selbsttt/pro_sui_jug/pro_suiz_jug_2.htm 20 września 2008 r.
[16] Ibidem.

Jeśli odbierane są konkretne sygnały i znaki, należy natychmiast nawiązać rozmowę z daną osobą. Podczas tej rozmowy poruszany jest bezpośrednio temat samobójstwa. Sześć pytań o skłonności samobójcze[17]to:

- Rozważałeś samobójstwo?
- Czy ich samobójstwo jest wyraźnie widoczne?
- Rozmawiałeś z kimś o skłonnościach samobójczych?
- Czy oni myślą o własnej śmierci i samobójstwie?
- Czy czują się społecznie odizolowani?

Aby ocenić konkretne ryzyko samobójstwa, należy wyjaśnić następujące aspekty[18]:

- Zapytanie o aktualne myśli samobójcze (niechęć do życia, tęsknota za pokojem, samobójcze pomysły, działania przygotowawcze)
- Badanie aktualnych objawów psychopatologicznych (depresja, strach, beznadzieja, rozpacz, myśli obsesyjne, wewnętrzne głosy)
- Badanie czynników anamnestycznych (stres biograficzny, istniejące zaburzenia psychiczne, wcześniejsze kryzysy samobójcze lub próby samobójcze)
- Zapytanie o aktualną sytuację życiową (istniejące konflikty i problemy, stresujące wydarzenia, wycofanie społeczne, brak kontaktów)

Nawet otwarta i empatyczna dyskusja na temat ryzyka samobójstwa może przynieść cenną pomoc i ulgę osobom poszkodowanym. Są oni postrzegani w swojej egzystencjalnie zagrażającej sytuacji i mają poczucie, że nie są już z nią pozostawieni sami sobie. Z terapeutycznego punktu widzenia, przełamanie izolacji i zwężenia ma zasadnicze znaczenie. Najważniejszym sygnałem dla osób poszkodowanych jest: nie jesteś sam, pomoc jest możliwa! Wspólnie można zidentyfikować przyczyny ryzyka samobójstwa i poszukać alternatyw lub rozwiązań. Osobom dotkniętym tym problemem pomaga się rozpoznać nawet najmniejsze pozytywne podejścia, wzmocnić je i odkryć swoje własne zasoby.
Jeśli istnieje bezpośrednie ryzyko samobójstwa, dana osoba musi zostać natychmiast przyjęta do kliniki.

---

[17] według Altmanna, Bärbel na kursie "Studia prawnicze/doradztwo zawodowe" Niemiecka Szkoła Heilpraktykerschule
[18] według Möllera, Hansa Jürgena Lauxa, Gerda i Deistera, Arno 2005, s. 392f.

## Terminologia

Najczęstszym terminem jest **"samobójstwo".** Termin ten jest także używany w Niemczech **„samo morderstwo“** . To słowo już teraz zawiera jasną ocenę. Ktokolwiek się zabija, popełnia nikczemny czyn, który należy potępić. Zgodnie z konsekwentną interpretacją, termin ten utożsamia samosmierc z czynem przestępczym. (samobójstwo/ zabójstwo Było to zgodne z wcześniejszą praktyką prawniczą. W Niemczech samobójstwo było przestępstwem do końca XVIII wieku. W Zjednoczonym Królestwie Wielkiej[19] Brytanii samobójstwo było karane do 1961 roku, w dwóch stanach USA do 1990 roku.[20]
W judaizmie i w teologii moralnej Kościoła rzymskokatolickiego to równanie morderstwa i samobójstwa opierało się na religii. Martin Luther również zastosował się do tej interpretacji.
Spojrzenie na kodeks karny wyraźnie pokazuje, że określenie "samo morderstwo" nie jest właściwe:
*"Mordercą" jest każdy, kto zabija osobę z pragnienia zabicia, dla zaspokojenia instynktu seksualnego, z chciwości lub innych niskich pobudek, podstępnie lub okrutnie, lub za pomocą środków niebezpiecznych dla społeczeństwa, lub w celu umożliwienia lub ukrycia innego przestępstwa.[21]“*
Co więcej, kodeks karny wyraźnie zakłada, że morderstwo zawsze oznacza zabicie innego człowieka.
Szczególnie termin "samo morderstwo" jest postrzegany przez krewnych jako niezwykle bolesne i stygmatyzujące. Termin ten w żaden sposób nie pomaga w interpretacji tego, co się dzieje, ani w wyrażeniu tego słowa. Swoim pejoratywnym brzmieniem utrudnia jedynie bliskim poszukiwanie własnych słów lub komunikowanie się z innymi o swojej sytuacji. Z tych powodów wszyscy ci, którzy pracują z krewnymi, powinni celowo unikać tego terminu.

Termin **"dobrowolny śmierć"** stara się uniknąć takiej uwłaczającej interpretacji.
Termin ten sugeruje jednak, że ludzie posiadający pełną swobodę woli postanowili zrobić krok w kierunku odejścia z życia. W nawiązaniu do eseju Jeana Ameryka "Kładąc rękę na sobie", zabicie siebie jawi się jako akt świadomej decyzji. Nawet jeśli takie samobójstwo jest rzeczywiście

---

[19] Otzelberger, Manfred "Suicide" dtv Monachium 2002 s. 18
[20] wikipedia "Samobójstwo" http://de.wikipedia/org/suizid#Juristische_Bewertung odzyskane 21.06.2008
[21] § 211 ust. 2 STGB

przeprowadzane od czasu do czasu; większość tych, którzy popełniają samobójstwo, robi to z głębokiego wewnętrznego niepokoju. Desperacja, lęki, ból to prawdziwe motywy. Większość ludzi, którzy odbierają sobie życie, pragnie nie tyle śmierci, co końca ich boleśnie doświadczonej sytuacji życiowej. Ponieważ żadne inne wyjście nie jest uznawane, wyjście awaryjne jest wybierane na wieczność. Ten krok ma więcej wspólnego z brakiem wolności, niż z wolnością wybraną. Zainteresowani krewni również czują się źle zrozumiani przez pojęcie samobójstwa. Uniknięta negatywna ocena jest teraz zastąpiona pozytywną interpretacją, która z kolei nie traktuje bólu zdarzenia wystarczająco poważnie.

Termin **"samośmierć"** jest neutralny w odniesieniu do wyceny. Ale w rzeczywistości jest on rzadko używany i dlatego brzmi dziwnie i nieporęcznie. Jego łaciński wariant **" suicide "**, który był używany jako obce słowo, był w stanie zaznaczyć się w dziedzinie nauki, medycyny i psychologii. Istnieje również powolny proces przenikania pojęcia samobójstwa do języka potocznego. Być może zdystansowany charakter obcego słowa pomaga poszkodowanym zaakceptować to nieobciążone określenie dla siebie.

Ogólne zwroty językowe dotyczące samobójstw to między innymi:
odebrać sobie życie, zabić się, położyć ręce na sobie. Samobójstwo wyraża się czasem poprzez konkretne działania, takie jak: wejście do wody, powieszenie się, zeskoczenie z mostu, podcięcie nadgarstków itp. Na stronie głównej Akcji Humanistycznej[22] była mowa o "emigracji bez powrotu" w nawiązaniu do greckiego filozofa Sokratesa.

Którego słowa użyją dotknięci nim krewni, zależy od różnych czynników. Zawsze istnieje możliwość znalezienia własnego terminu. Ważne jest, aby termin ten nie blokował postępowania z żalem, ale raczej zachęcał ludzi do wyrażania własnego bólu.

---

[22] Rudolf Kuhr, "Emigracja bez powrotu? - A food for thought" , 2007 www.humanistische-aktion.de/trauer.htm#sui odzyskany dnia 10.06.2008 r.

## Samobójstwo w kontekście religijnym i kulturowym

W tym rozdziale pragniemy umieścić samobójstwo w kontekście kulturowym. W kontekście specjalistycznej pracy psychologicznej aspekt ten byłby rozpatrywany tylko w ograniczonym zakresie. Jednak kulturowa ocena i klasyfikacja samobójstw ma decydujący wpływ na sytuację osób, które przeżyły. Dlatego postanowiłem przyjrzeć się tej stronie problemu nieco bardziej szczegółowo.

Życie, a w szczególności życie ludzkie, jest postrzegane jako coś, co jest dane w większości kultur. Nie stworzyliśmy własnego życia. Dostaliśmy to od naszych rodziców. Ale nawet oni również są wykonawcami bardziej kompleksowej rzeczywistości. W zależności od poglądów filozoficznych i religijnych, natura i/lub Bóg są uważane za rzeczywiste źródło życia.
Ponieważ życie jest czymś danym - a więc moralnie rozumianą konsekwencją - to nie w dyspozycyjności jednostki jest decydowanie o końcu jej życia. W oparciu o taką argumentację, w dużych częściach różnych kultur ugruntowało się wyraźne zakazanie samobójstw. Ludzie, którzy się zabijali, byli zdewaluowani jako tchórze, niepowodzenia i osoby nieodpowiedzialne. Aby zapobiec potencjalnym samobójstwom, społeczeństwa opracowały różne sankcje mające na celu uzyskanie efektu odstraszającego. Podstawowe doświadczenie można udowodnić, że ludzie we wszystkich miejscach i w każdym czasie wybrali jednak drogę do własnej śmierci.
Należy zauważyć, że konsekwencje ostracyzmu i odstraszania po samobójstwie ponoszą przede wszystkim krewni[23]. Zostały one również wykluczone i zdewaluowane. Nie tylko zostali pozostawieni sami w swoim smutku, ale byli również obciążeni oskarżeniami, które wywołały przytłaczające uczucie grzechu, wstydu i winy.[24]
[25]Ponieważ samobójstwo może być rozumiane jako skrajna forma protestu przeciwko istniejącym warunkom, dewaluacja czynu i osoby ostatecznie służyła również odwróceniu uwagi od własnej porażki. To silne tabuowanie samobójstwa zablokowało również niezbędną dyskusję na temat przyczyn samobójstwa[26].

---

[23] por. Otzelberger, Manfred 2002, s. 23ff.
[24] Ibid. s. 23
[25]więc między innymi w ramach systemów totalitarnych
[26] Patrz Otzelberger, Manfred 2002, "Exkurs Selbsttötung als Staatsgeheimnis in der DDR" str. 30 i nast.

Istnieją jednak szczególne przypadki, w których samobójstwo jest oceniane neutralnie lub nawet pozytywnie. W ostatnich dziesięcioleciach można zauważyć rozwój, który świadczy o stopniowej zmianie w ocenie i postrzeganiu samobójstwa.
W **judaizmie**[27] samobójstwo zostało potępione jako przestępstwo wobec Stwórcy i zrównane z morderstwem. W związku z tym istniały ścisłe przepisy, które zabraniały przeprowadzania rytuałów żałobnych w takim przypadku i przewidywały pochówek zmarłego na wydzielonym terenie cmentarza. Każdy, kto jest świadomy istniejącego w judaizmie szacunku dla tradycji religijnej i świętości cmentarza, będzie miał wyobrażenie o surowości tych sankcji wobec krewnych, których one dotyczą.
Z drugiej strony, istnieją dowody w świętych pismach ludu Izraela, które opisują samobójstwa bez wartości. Samobójstwo jest następnie[28]przedstawiane jako konsekwencja radykalnej porażki[29], jako możliwość honorowej śmierci[30] lub nawet jako akt heroicznego poświęcenia. Historia końca izraelskiego bohatera narodowego Samsona zasługuje na uwagę. W oczekiwaniu na współczesne samobójcze zamachy bombowe, Samson zabiera swoich wrogów na śmierć, burząc dom. Rodzina Simsona pochowała go honorowo w grobie ojca pomimo jego samobójstwa[31].
Niezwykły fragment tekstu o samobójstwie znajduje się w 2 Księdze Makabeuszy. Rasis, bogobojny i bardzo szanowany człowiek, zabija się w dramatyczny sposób, aby oprzeć się atakowi wrogów.[32] Praktyka ta jest również udokumentowana dla judaizmu z czasów walki oporu Izraela przeciwko rzymskiemu okupantowi w latach 66-135 n.e. Do dziś żydowska forteca Masada jest rozumiana w Izraelu jako symbol samostanowienia i woli wolności. W 74 r. duża grupa oblężonych bojowników żydowskich i ich rodzin popełniła tam zbiorowe samobójstwo, aby nie zostać zmuszonym do poddania się rzymskiej wyższości.
W ciągu XX wieku motywy samobójstw stały się bardziej widoczne w judaizmie. Samobójstwo zostało uznane za skutek choroby psychicznej lub skrajnego cierpienia. Zaczęli też poważnie traktować sytuację krewnych i potrzebę wspierającego ich towarzyszenia. "*Ponadto rytuały żałobne są przede wszystkim dla członków rodziny, którzy w tym przypadku szczególnie*

---

[27] Union of Progressive Jews in Germany e.V. "Suicide" in http://www.liberale-juden.de/cms/index.php?id=66#112 odzyskane w dniu 09.06.2008 r.
[28] zgodnie z Księgą Sędziów Samsona 16, 28-30.
[29] więc król Saul 1.Księga Samuela 31,1-5
[30] więc Abimelech Księga Sędziów 9;52-54
[31] Księga Sędziów 16,31
[32] 2 Księga Makabeusza 14,37-46

*potrzebują takiej pomocy. Żałoba jest często traumatyczna. Nie tylko doświadczają bardzo nagłej straty, ale też czują się winni, zastanawiając się, czy można było zapobiec śmierci".*[33]Z tego powodu w liberalnych społecznościach żydowskich rytuały żałobne są konsekwentnie przestrzegane nawet w przypadku samobójstwa, a pełny pogrzeb odbywa się w stałej części cmentarza. Takie podejście do ofiar samobójstw jest również imitowane przez niektórych ortodoksyjnych rabinów.[34]

W **chrześcijaństwie w** pierwszych wiekach Kościoła samobójstwo nie było wyraźnie potępiane. Martyrologia, czyli śmierć za wiarę, była uważana za wysoki ideał. W czasie prześladowań wielu chrześcijan sprowokowało jego egzekucję, aby podążać za tym ideałem. Biblijni poszukiwacze śmierci odnosili się do słów: "*Albowiem kto by ratował życie swoje, straci je; lecz kto by stracił życie swoje ze względu na mnie, znajdzie je".*[35]

Pod koniec IV wieku teolog Augustin wyraził wyraźny sprzeciw wobec samobójstw. Inni teologowie kościelni nawiązywali do biblijnej postaci Judasza z Iskarioty. Był członkiem wewnętrznego kręgu wokół Jezusa z Nazaretu. Według doniesień ewangelii, mówi się, że Judasz przyczynił się znacznie do aresztowania Jezusa[36], a później zabił się z wyrzutów sumienia. Uderzające jest to, że to samobójstwo jest różnie opisywane w różnych punktach. Z jednej strony mówi się, że Judasz się powiesił[37], z drugiej strony, że podparł się w śmierci.[38] Ówcześni teologowie uważali za szczególnie naganny fakt, że Judasz, samobójstwem, odrzucił możliwość Bożego przebaczenia i miłosierdzia.

W rezultacie, samobójstwo zostało uznane przez oficjalny kościół za grzech ciężki.[39] Podobnie jak w judaizmie, osoby, które popełniły samobójstwo, otrzymały odpowiedni pochówek, a ich krewnym odmówiono zwyczajowych rytuałów pocieszających. Zabronione było więc dzwonienie w dzwon śmierci, odczytywanie mszy za zmarłych i grzebanie zmarłych w murach cmentarnych.[40] Szczególnie odrażające są przykłady celowego bezczeszczenia zwłok.[41]

---

[33] Union of Progressive Jews in Germany e.V. "Suicide" in http://www.liberale-juden.de/cms/index.php?id=66#112 odzyskane w dniu 09.06.2008 r.
[34] Ibidem.
[35] Ewangelia Mateusza 16, 25
[36] Ewangelia Mateusza 26,14 par.
[37] Ewangelia Mateusza 27,5 par.
[38] Dzieje Apostolskie 1,18
[39] Otzelberger, Manfred "Suicide" dtv Monachium 2002 str.23f.
[40] Ibidem.
[41] Ibidem.

Zmiana oceny samobójstw w kościołach chrześcijańskich została wymuszona doświadczeniami z czasów dyktatury narodowosocjalistycznej. Najbardziej znanymi przykładami są Hanni i Jochen Klepper. Jochen Klepper, którego twórczość literacka była znana daleko poza granicami Niemiec[42], próbował ratować swoją żydowską żonę przed deportacją, negocjując to ze służbą bezpieczeństwa. Na ostatniej stronie jego dziennika, 10 grudnia 1942 r., znajduje się następujący wpis: *"Po południu, przesłuchanie z udziałem służby bezpieczeństwa. Teraz umieramy - oh, to też jest w oczach Boga - dziś wieczorem umrzemy razem. Nad nami w ostatnich godzinach jest obraz Błogosławiącego Chrystusa, który walczy o nas. "Nasze życie kończy się na jego oczach."*[43] Decyzja o śmierci nie pojawia się tu właśnie jako wotum nieufności wobec Boga, ale raczej jako desperacka decyzja - ostatnie schronienie w jego obronie. Dietrich Bonhoeffer już wiele lat wcześniej mówił o samobójstwie: *"Jeśli nie możesz już dłużej żyć, porządek, w którym powinieneś żyć, nie pomoże ci już dłużej. Samobójstwo jest próbą nadania życiu, które stało się bezsensowne dla człowieka, ostatecznego ludzkiego znaczenia"*[44].

Samobójstwo jest obecnie postrzegane przede wszystkim przez pryzmat opieki duszpasterskiej i pomocniczego towarzyszenia. "*Wiara chrześcijańska może oczywiście mieć także coś pocieszającego i podtrzymującego dla opłakanych*"[45]. Ograniczenia dotyczące pochówku i żałoby nie są już dozwolone w obu większych kościołach: "Zgodnie z *nowym Kodeksem Prawa Kanonicznego Kościoła Katolickiego, od 1983 roku nie można już odmówić pogrzebu w kościele dla ofiary samobójczej.* "[46]*Samobójstwo nie jest powodem, by przestać się czcić na pogrzebie. W ogłoszeniu należy wziąć pod uwagę, że samobójstwo może mieć wiele złożonych przyczyn.*[47]

W przeciwieństwie do powszechnego ścisłego tabu samobójstw, zawsze istniały specjalne formy samobójstwa, które były oceniane pozytywnie. Niektóre z tych form miały niemal zniewalający charakter.

---

[42] śpiewnik kościołów protestanckich nadal zawiera pieśni jego autorstwa.
[43] zacytowany za Croissantem, Manfred "Putting a hand on yourself - when the fear of life becomes greater than the fear of death", Pfälzer Pfarrerblatt w www.pfarrerblatt.de/text_168.htm odzyskany 09.06.2008 r.
[44] Otzelberger, Manfred 2002, s. 25f.
[45] Ibid. s. 28
[46] Ibid. s. 24
[47] Przywództwo kościelne Zjednoczonego Ewangelicko-Luterańskiego Kościoła Niemiec 1996 s. 16f.

W klęsce wojskowej Krzyżacy woleli śmierć z własnej ręki niż niewolę.[48] Mówi się, że Odin, germańskie bóstwo, był wzorem do naśladowania.[49] Ta forma samobójstwa miała motyw, by zachować "**honor pokonanych**".[50] W pewnym sensie motywacja ta odgrywa również rolę, gdy do samobójstwa doszło po upadku finansowym firmy lub po bezcennych długach hazardowych. Duża liczba samobójstw po kapitulacji Niemiec w II wojnie światowej musi być postrzegana w tym kontekście. Podobne zjawiska znane są w innych kulturach.

**Rytualne samobójstwo** jest przeprowadzane zgodnie z określonymi zasadami i ceremoniami. Jest on wykonywany na podstawie instrukcji lub w oparciu o tradycyjne wartości. Filozofowie Sokrates[51] i Seneka[52] poszli na śmierć po tym, jak sąd poradził im, by popełnili samobójstwo. W Japonii, w obrębie kasty wojowników samurajów istniał rytuał seppuku[53], w Europie potocznie znany jako harakiri. Opisywał on "honorową metodę samobójstwa... prawidłowe przeprowadzenie rytuału miało pierwszorzędne znaczenie."[54] Podczas gdy seppuku było zarezerwowane dla mężczyzn, istniała forma rytualnego samobójstwa dla kobiet zwana jigai. Od 1868 roku seppuku i jigai są oficjalnie zakazane w Japonii.[55]. W północnych Indiach istniała tradycja spalania wdów wraz z ciałem ich zmarłego męża.[56] To rytualne samobójstwo nazywa się Sati. Egzekucja i pomoc oraz podżeganie do Sati są we współczesnych Indiach przedmiotem postępowania karnego.

Na swój sposób, większość samobójstw stanowi pośredni protest przeciwko niezrównoważonym warunkom życia. Istnieją jednak również demonstracyjne samobójstwa, które chcą być rozumiane jako **samobójstwo w ramach** bezpośredniego **protestu.** Historycznie spektakularnymi przykładami są Alice Herz[57], Jan Palach[58] i Oskar Brüsewitz[59].

---

[48] Dreyer, Jürgen "samobójstwo" 05.09.2007 znaleziono na stronie www.planet-wissen.de/pw/printartikel 08.07.2008
[49] Ibidem.
[50] Ibidem.
[51] Sokrates wypił filiżankę cykuty.
[52] Seneca podcięła sobie nadgarstki w łazience.
[53] http://www.embjapan.de/japan-f.a.q/japan-geschichte-was-ist-seppuku-.html odzyskane 08.07.2008
[54] Ibidem.
[55] Ibidem.
[56] http://www.heiliges-indien.de/sati.htm odzyskane 08.07.2008
[57] Samospalenie w dniu 16 marca 1965 r. w Detroit na znak protestu przeciwko wojnie w Wietnamie
[58] Samospalenie w dniu 16 stycznia 1969 r. na placu Wacława w Pradze w proteście przeciwko stłumieniu Praskiej Wiosny
[59] Samospalenie w dniu 18 sierpnia 1976 r. w proteście przeciwko dyktaturze SED

Ukierunkowane działania samobójcze były również wykorzystywane jako forma działań wojennych. **Ataki samobójcze były przeprowadzane m.in.** przez japońskich pilotów na amerykańską flotę wojenną. Ta specjalna jednostka, zwana Shimpu Tokkotai w Japonii, stała się znana poza Japonią jako Kamikaze[60]. W ostatnim czasie ataki samobójcze zyskały na znaczeniu jako metoda walki w terrorystycznych grupach islamskich. Chociaż islam postrzega samobójstwo jako grzech ciężki, zamachowcy samobójcy są czczeni w kręgach fundamentalistycznych jako męczennicy.

---

[60] Saigo 20.12.2005 pobrane na http://www.embjapan.de/forum/harakiri-t1191-s110.html 09.07.2008

## Przyćmiony smutek

Każda żałoba oznacza dla zainteresowanych osób sytuację kryzysową. Utrata osoby, a zwłaszcza utrata bliskiej, ukochanej osoby, wstrząsa samym fundamentem swojego życia i stawia pod znakiem zapytania to, co wcześniej było tak pewne. Oprócz zadania pożegnania się z osobą znajomą, na żałobników stawiane są egzystencjalne wymagania. Muszą nauczyć się żyć bez drugiego, ale z bólem i wspomnieniami.

W żałobie ma miejsce proces, który pomaga ludziom krok po kroku i z cierpliwością otworzyć się ponownie na życie mimo straty. Żal jest zatem istotną i zbawienną drogą.

Ale żałoba po samobójstwie różni się od innych żałób. Jeszcze bardziej niż w innych przypadkach, krewni popadają w mrok strachu, bezsilności, złości i otwartych pytań. Często pozostają oni sami ze swoją sytuacją, ponieważ ich środowisko również reaguje bezradnie i defensywnie. Oferty i możliwości, które mogą stanowić cenną pomoc w innych przypadkach, prawie wcale lub wcale nie mają tu zastosowania. Szczególnie dużym obciążeniem dla żałobników jest otwarte lub niewypowiedziane pytanie o winę i niepowodzenie. Do tego dochodzi niesamowita bezsensowność, która dotyczy nie tylko śmierci, ale także tematu tabu samobójstw. Dlatego krewni doświadczają swojej sytuacji jako przyćmionego żalu.

## Sytuacja dla krewnych po samobójstwie

*"Ci, którzy zostali na zawsze pozbawieni ukochanej osoby przez jej wybraną przez siebie śmierć, narażeni są na jedno z najbardziej wstrząsających przeżyć smutku... osobliwość żalu, która jest tu często wywoływana w szokujący sposób, nie jest tematem".*[61] W swojej przedmowie do książki "W cieniu twojej śmierci" dr Johannes Thomas opisuje ogromny szok, który dotyka krewnych po samobójstwie. Jest to szok, który jest egzystencjalnie groźny i zdarza się bardzo głęboko. Dotyczy to istotnych wymiarów własnej duszy: poczucia własnej wartości, zdolności do komunikowania się, zdolności do zaufania, własnej miłości. *"Decydujące w tym kontekście było spostrzeżenie, że oprócz samego bólu straty, na żałobników, których skrajna koncentracja jest główną cechą charakterystyczną ich trudnej sytuacji, nakłada się wiele ciężarów.*[62]

Chociaż następujące aspekty występują również w innych procesach żałobnych, ich intensywność i zagęszczenie są typowe dla krewnych po samobójstwie i mają decydujący wpływ na ich sytuację.

Na początku jest nieuzasadnione żądanie zrozumienia tego, co się stało. Krewni często znajdują się w stanie paraliżu emocjonalnego. Wieści jeszcze do nich nie dotarły. Krok pochwycenia śmierci nie wystarczy. Muszą również zrozumieć fakt, że ich partner, rodzic lub dziecko zmarli z własnej woli, z własnej ręki. Sytuacja ta ogranicza całą ich zdolność do postrzegania i działania. Codzienne procesy spowalniają i kosztują niewysłowione wysiłki. Wraz ze świadomością tego, co się dzieje, rośnie również ból psychiczny. Każde nowe przebudzenie będzie powtarzać ten bolesny proces na początku. "*Jako dziecko, bałem się ciemności. Dzisiaj boję się każdego nowego dnia."*[63] Jest to strach przed cierpieniem takiej "świadomości" w kółko. Utrzymywanie się paraliżu, represje i zaprzeczanie są zatem zrozumiałymi reakcjami w tej fazie. Jednak na dłuższą metę mogą one zablokować prawdziwą ścieżkę żałoby.

Krewni czują się całkowicie przytłoczeni tą sytuacją. Zaczyna się to od bardzo praktycznych decyzji, z którymi nagle mają do czynienia. Muszą oni załatwić sprawy z policją, władzami i firmami ubezpieczeniowymi, na które nie są w żaden sposób przygotowani. Muszą poinformować rodzinę i przyjaciół i nie wiedzą, co powiedzieć, a co powinni lepiej milczeć. Muszą przygotować nabożeństwo pogrzebowe i już zawodzą na pytanie: Czy mam, czy mam

---

[61] Thomas, Johannes 2004 str.7

[62] Tamże, str. 8

[63] Tamże, cytuję Carolę Häußler, str. 21.

ponownie spojrzeć na zmarłego? Zwłaszcza w przypadku samobójstwa, ta decyzja - niezależnie od tego, w jakim kierunku się ją podejmie - może mieć gorzkie konsekwencje. W każdym razie osoby poszkodowane powinny być zachęcane do świadomego pożegnania się ze swoimi bliskimi. Konfrontacja ze zwłokami spowoduje ból, a jednocześnie stanie się głębokim aktem miłości. Jan Tomasz zwraca uwagę: "*A kto zdecyduje się na ostatnie spojrzenie na zmarłego, niech na pewno znajdzie mocne lekarstwo na dręczące fantazje otaczające mroczne wydarzenia śmierci.*[64] Zainteresowane osoby nie powinny być pozostawione same sobie w swojej decyzji. Przed, w trakcie i po spotkaniu ze zmarłymi, najcenniejszym wsparciem dla ludzi będzie pomoc firmy. Z punktu widzenia opieki psychologicznej świadomy wyjazd będzie ważnym aspektem w profilaktyce zaburzeń stresu pourazowego.

To uczucie bycia całkowicie przytłoczonym opisuje kobieta dotknięta tym uczuciem w następujący sposób: *"Cała energia zużywa się pomiędzy "nie" i "nie do pogodzenia": potrzeba uznania rzeczywistości, potrzeba codziennych obowiązków; potrzeba zadań, które nagle wybuchają. Wszystko się zmienia - a ja nie mam siły, by to nosić."*[65]

Samobójstwo krewnego jest radykalnym doświadczeniem bezsilności dla ocalałych krewnych. Jest dla nich jasne, że ostatecznie nie mieli żadnego wpływu na tę doniosłą decyzję. Nawet osoba, która jest kochana ponad wszystko, redukuje swoją rolę w wydarzeniach do roli biernego obserwatora. Z tym doświadczeniem bezsilności, własne poczucie własnej wartości jest poważnie zachwiane, własne podstawy życia są kwestionowane. "Po *co mam żyć, skoro nie mogę nic zmienić w życiu?"*[66]

Wraz z rosnącą świadomością tego, co się stało, masowo wybuchają uczucia u krewnych, które są odczuwane jako bardzo stresujące i groźne. Uczucia te w bardzo intensywny sposób dotykają zarówno podstawy relacji ze zmarłym, jak i podstawy postrzegania siebie. Aspekt losu, który odgrywa decydującą rolę w innych zgonach i ostatecznie pomaga żałobnikom zaakceptować śmierć, nie dotyczy samobójstwa. Zamiast tego agonizujące pytania zmuszają ich do wnikania w myśli i uczucia krewnych.

"Dlaczego" - to pytanie nie jest zadawane przez żałobę anonimowej, niezrozumiałej władzy. To pytanie ma konkretnego adresata, czyli zmarłego lub samego zmarłego. "Dlaczego to sobie zrobiłeś?" Nawet jeśli znane jest konkretne tło samobójstwa, takie jak depresja, wylewy losu lub poważna

[64] Thomas, Johannes 2004 str.12
[65] Thomas, Johannes 2004 Cytat Verena Kast str.19
[66] Thomas, Johannes 2004 str.51

diagnoza choroby, ten ostatni krok w kierunku samobójstwa pozostanie niezrozumiały dla krewnych. "Dlaczego to sobie zrobiłeś?" - pytanie wyraża desperackie pragnienie, by móc zrozumieć, co się dzieje. Jednocześnie to pytanie jest protestem, skargą na samobójstwo. Wydaje się, że jest to próba kontynuowania relacji zerwanej przez członka własnej rodziny, zerwanej komunikacji mimo wszystko.
Krewni zawsze będą starali się na nowo zrozumieć bliską osobę w jego decyzji, ponieważ właśnie to wydaje się być szansą na pogodzenie się z jego samobójstwem. Z drugiej strony, istnieje duży potencjał cierpienia w dążeniu do jak największego zbliżenia się do niego i samobójstwa. Krewni przychodzą emocjonalnie w miejscu, w którym odczuwają głęboki ból, głęboką rozpacz zmarłego, a ich bezsilność zostaje przeniesiona na nich. W takiej sytuacji krewni ryzykują, że nie tylko zrozumieją krok do samobójstwa, ale także będą chcieli go zrozumieć.
"Dlaczego to sobie zrobiłeś?" - Ważnym zadaniem w procesie ciężkiej żałoby będzie upewnienie się, że krewni zaakceptują fakt, że nigdy nie zrozumieją ostatecznie samobójstwa. Ale miłość może znaleźć siłę, aby zaakceptować i ponieść decyzje, które pozostają dla nas niezrozumiałe.
Rozstanie z ukochaną zawsze boli. Ale bycie pozostawionym przez niego jest szczególnie bolesne. "*Jak się żyje po śmierci ukochanej osoby, której strata również oznacza, że została przez niego porzucona?"*[67] Prawdopodobnie najcięższym psychologicznym obciążeniem w tej sytuacji jest fakt, że samobójstwo jest bardzo głębokim szokiem dla miłości.
"Czy nie *warto dla nas żyć? Nie obchodzi cię, co się z nami stanie?"*[68]
Samobójstwo jest postrzegane przez wielu krewnych jako poważne
Naruszenie zaufania. "Dlaczego mi nie powiedział? Dlaczego mi się nie zwierzył? Jestem tu, by pomóc!" Ale obok realizacji: "Nie mogłem pomóc" jest straszne zdanie odrzucenia: "Moja pomoc w ogóle nie była potrzebna". To naruszenie zaufania zagraża teraz własnej zdolności do zaufania jako całości: "*Jak dzieci osoby "samobójczej" mogą kiedykolwiek znaleźć zaufanie w osobie, która je kocha?*[69] Niewielu nawet nie postrzega samobójstwa jako zdrady własnej miłości. Przez długi czas pozostawia to osoby dotknięte wewnętrzną pustką i uczuciem ołowianej samotności. "...*Pozostała po tym całkowita samotność, mimo że wokół mnie było tysiąc osób...*[70]".

[67] Thomas, Johannes 2004 str.24
[68] Thomas, Johannes 2004 Cytat Carola Häußler str.25
[69] Tamże, cytuję M.S. str.31.
[70] ibid. cytuję bk str. 25

Najcenniejszą rzeczą, którą nosimy w sobie, jest nasza miłość. Więc dla wielu krewnych najważniejszym pytaniem stanie się: "Dokąd pójść z tą rozbitą miłością?".
*"Ale to wszystko sprawia, że jestem chory, zdesperowany, beznadziejny* ***i zły".***[71] Decydującym krokiem dla krewnych jest dostrzeżenie i przyznanie się do agresywnych uczuć wobec zmarłego. Często nagle wybucha gniew, wściekłość, a nawet nienawiść. Wywołuje to dość paradoksalny, emocjonalny świat żałobników: "Mam nieposkromioną wściekłość na osobę, za którą tęsknię najbardziej. Dla tej, którą tak bardzo kocham, czuję też nienawiść." Pytanie "Dlaczego to sobie zrobiłeś?" staje się teraz "Dlaczego **mi** to zrobiłeś?!". Te często silne, gwałtowne uczucia mają bardzo niepokojący wpływ na krewnych. Czasami boją się zdradzić swoją miłość z nią. Ale uczucia gniewu i wściekłości są bardzo ważne, aby wrócić do kontaktu z samym sobą. Są to uzasadnione, niezbędne uczucia, które mogą dać wyraz i język własnemu bólowi, własnemu głębokiemu bólowi. Ale potrzeba cierpliwości i czasu, aby zaakceptować te agresywne uczucia bez poczucia winy.
Poczucie winy w szczególny sposób obciąża proces żałoby. Krewni zastanawiają się, gdzie ona sama była zamieszana w samobójstwo. "Czy nieświadomie wzbudziłem rozpacz drugiej osoby? Czy nie poświęciłem wystarczająco dużo czasu dla niego i jego problemów? Czy przegapiłem, przegapiłem, przegapiłem coś ważnego?"
Jednak konieczna i zrozumiała, krytyczna ponowna ocena własnej przeszłości i relacji grozi przekształceniem się w destrukcyjny młyn. Poczucie winy powiększa się jak w lupie i przybiera coraz to nowe formy i wymiary. Biorą na siebie własne życie i okupują daną osobę całkowicie, nie mając zawsze rzeczywistego odniesienia do tego, co się dzieje. "Poczucie *winy waży się na krwi, zasypia, staje się niewygodne."*[72] Ponadto często pojawiają się ukryte lub nawet otwarte oskarżenia ze strony osób z zewnątrz.
Zwłaszcza środowisko naturalne często jeszcze bardziej utrudnia własny smutek. Zainteresowanie niezaangażowanych stron często leży w ciekawości na temat rzekomego "skandalu". Plotki i plotki kojarzą się z uprzedzeniami i obawami. Samobójstwo niszczy środowisko, a środowisko reaguje obronnością. Negatywne oceny nadal determinują werdykt o samobójstwie. Krewni są następnie włączeni do tej dewaluacji. W rezultacie krewni chronią się coraz bardziej wycofując się. To znacznie zakłóca komunikację ze

[71] Tamże, cytuję Carolę Häußler, s. 37, podkreślenie Michael Kleim.
[72] Thomas, Johannes 2004 str.41

światem zewnętrznym. W skrajnych przypadkach, krewni mogą stać się odizolowani i odizolowani od siebie.

Oprócz konsekwencji psychologicznych i społecznych pojawiają się dalsze uderzające symptomy.

"*Zawsze bałem się o ciebie z wyjątkiem tej nocy, kiedy strach poszedł spać, a ja byłem przy tobie, kiedy się obudziłem, kiedy cię już nie było, rozumiesz teraz, dlaczego sen i odpoczynek są moimi największymi wrogami od tamtej pory?*[73]

Krewni często mogą spać bardzo źle z powodu skrajnego obciążenia psychicznego. Wydarzenia podążają za nią do jej snów. Koszmary, strach we śnie, częste budzenie się to typowe objawy towarzyszące. Mały sen jest postrzegany jako powierzchowny i ledwo wypoczęty. "Być może spałem, *ale w ogóle nie odzyskałem sił we śnie."*[74] Osoby dotknięte tym problemem są naznaczone silnym wewnętrznym niepokojem. Oprócz zaburzeń snu można dodać objawy fizyczne. "Bardzo mnie *bolało... skurcze..."*[75] Problemy z krążeniem, problemy z trawieniem i utrata apetytu to również typowe objawy. Ból psychiczny objawia się wówczas w sposób somatyczny i może dotyczyć wszystkich obszarów fizycznych.

Konflikty emocjonalne i stres wywołane przez samobójstwo mogą wywołać oczywiste zaburzenia psychologiczne w żałobie w trakcie procesu żałoby. Opisana tendencja do izolacji i samoizolacji zwiększa takie ryzyko. Najbardziej prawdopodobne jest wystąpienie następujących wzorców zakłóceń:

1. epizod umiarkowanej i ciężkiej depresji (F32)
2. utrzymująca się dystymia afektywna (F34.1)
3. zaburzenia lękowe (F40 i F41), np. fobia społeczna (F40.1)
4. Nadużywanie alkoholu i narkotyków psychotropowych aż do wystąpienia choroby uzależnienia (F10 i F13)
5. trwałe zakłócenie snu (F51.0)
6. zaburzenia psychosomatyczne.

W przeglądzie "Przykłady różnych stopni nasilenia psychospołecznych czynników stresu u dorosłych", który[76] jest wymieniony w podręczniku "Psychiatria i psychoterapia", samobójstwo bliskiego krewnego jest klasyfikowane jako katastrofalne ostre zdarzenie. Zarówno ze schematu

---

[73] anonimowy wiersz w Thomas, Johannes Homepage www1.uni-hamburg.de/joh-th/TnS/s-grup.htm dostępny od 03.06.2008 r.

[74] Thomas, Johannes Cytat B.B. 2004 str.20

[75] Tamże, cytuję B.B. s.20.

[76] Möller, Hans Jürgen Laux, Gerd and Deister, Arno 2005 str.230

zaburzeń, jak i z ogólnej sytuacji wynika, że reakcja na ostry stres (F43,0) lub zaburzenie stresu pourazowego (F43,1) może wystąpić również u osób dotkniętych zaburzeniami. Porównanie pokazuje, jak bliskie są reakcje psychologiczne na samobójstwo opisanego powyżej krewnego w stosunku do objawów ostrej reakcji na stres i . zaburzeń stresu pourazowego:[77]

Ostra reakcja na stres - po początkowym stanie znieczulenia, depresji, lęku, gniewu i agresji, rozpaczy i beznadziei oraz społecznym wycofaniu się następuje. Objawy zaczynają się natychmiast po stresującym wydarzeniu i ustępują po 48 godzinach.

Zaburzenie stresu pourazowego - niezwykły stres przeżywany jest nieustannie w postaci nawracających wspomnień, snów i koszmarów. Ponadto istnieje uporczywe uczucie emocjonalnego otępienia, apatii wobec otoczenia, społecznego wycofania się, zaburzeń snu. Lęk, depresja i myśli samobójcze często towarzyszą tym objawom. Zaburzenie spowodowane stresem pourazowym pojawia się w ciągu 6 miesięcy od wystąpienia stresu i może sprzyjać rozwojowi dalszych zaburzeń psychicznych u osób nim dotkniętych.

---

[77] Ibid. s. 233 i s. 235

## Szczególne aspekty po samobójstwie własnego dziecka

Utrata dziecka jest jedną z najtrudniejszych sytuacji żałobnych, z którymi trzeba sobie poradzić. *"Wraz ze śmiercią dziecka zostaje naruszona podstawowa zasada, która nadaje spójność naszemu światu: porządek pokoleniowy umierania zostaje odwrócony, dziecko musi przejść przed rodzicami"*.[78] W książce Manfreda Otzelbergera "Samobójstwo" jest to już jasne w odpowiednim tytule rozdziału: "*Jeśli stracisz swoje dzieci, stracisz swoją przyszłość!*[79] Z dzieckiem umiera też znaczna część samych rodziców. Nawet w przypadku naturalnej przyczyny zgonu, rodzice będą musieli przejść przez bardzo trudny i długi, często trwający całe życie proces żałoby.
Jeśli ta strata jest spowodowana samobójstwem, wtedy stres psychologiczny dla rodziców jest jeszcze większy. Oprócz tego, że śmierć własnego dziecka jest sama w sobie trudna do zniesienia, istnieje również opisana powyżej sytuacja stresu psychologicznego, a mianowicie, że dziecko to szukało śmierci z własnej woli.
Przede wszystkim kwestia własnej winy staje się jeszcze ważniejsza dla tych, których ona dotyczy. Poczucie odpowiedzialności zasadniczo kształtuje tożsamość rodzicielstwa. "Co złego zrobiłem - w moim wychowaniu, w moim związku z dzieckiem? Co przegapiłam, przegapiłam? Czy naprawdę byłam taką złą matką, takim złym ojcem?" Zwłaszcza u nieletnich pojawi się poczucie winy z egzystencjalnie uciążliwą władzą i doprowadzi do gwałtownych samookaleczeń.
Historia własnej rodziny mogła mieć wpływ na samobójczy rozwód. Nagłe oddzielenie od ważnego opiekuna, konflikty rodzinne lub brutalne doświadczenia w rodzinie mogą wywołać u dzieci i młodzieży myśli samobójcze.[80] Ale nie tylko dzieci, które pochodzą z rozbitych domów, odbierają sobie życie. "*...pochodzą z bardzo nietkniętych środowisk, są bardzo utalentowani i wrażliwi... Często są to rodzice, którzy bardzo poważnie traktują swoją misję edukacyjną." Sporo*[81] z tych dzieci i młodzieży miało "*stabilny, kochający i szczęśliwy dom".*[82]Głębsze przyczyny tych samobójstw nie będą widoczne na pierwszy rzut oka. Wymaga to bliższego przyjrzenia się, aby móc wniknąć w wygląd zewnętrzny.

---

[78] Domay, Erhard i kajdan mety, Annedore 2004 Cytat Christopha Morgenthalera s. 117
[79] Otzelberger, Manfred 2002 Tytuł rozdziału o samobójstwie dziecka S. 50
[80] por. Iris Bartenstein 2002 s. 20f.
[81] Otzelberger, Manfred 2002, s. 50f.
[82] Otzelberger, Manfred 2002 S. 51

W każdym razie, samobójstwo własnego dziecka poważnie wstrząsnęło całym systemem rodzinnym. Relacja między dwojgiem rodziców przeżywa tragiczną reorientację. Ponieważ rodzice są zajęci głównie sobą i zmarłym dzieckiem w swoim smutku, czasami tracą z oczu ocalałe rodzeństwo. "*Dzieci ponoszą podwójną stratę w związku ze śmiercią rodzeństwa: tracą swoje rodzeństwo - i tracą rodziców, tak jak je znały i mogły zwrócić się do nich wcześniej.*[83] Ale także inne żyjące dzieci są na swój sposób zaangażowane w kryzys, w szok i smutek i potrzebują pomocy.

To, czy smutek wiąże osoby dotknięte chorobą głębiej w rodzinie, czy też niszczy istniejące relacje, zależy również od tego, czy rodzina jest otwarta na pomoc z zewnątrz.

---

[83] Domay, Erhard i Methcuff, Annedore 2004 Cytat Christopha Morgenthalera str. 118

## Szczególne aspekty po samobójstwie jednego z rodziców

Przez naszych rodziców otrzymaliśmy swoje własne życie. "*Matki dają życie i muszą być tam dla innych. Są ucieleśnieniem bezpieczeństwa, ciepła i oddania.*"[84] W pozytywnym sensie, rodzice symbolizują ochronę, pomoc i bezpieczeństwo. Doświadczenie bezwarunkowej uwagi ze strony rodziców w dzieciństwie jest warunkiem koniecznym dla rozwoju zaufania. Nawet w fazie wieku, w której odbywa się proces separacji od domu rodzicielskiego, rodzice pozostają niezastąpionymi osobami referencyjnymi.
Samobójstwo rodzica niszczy część jego własnego, głęboko znanego świata, a zniszczenie zostało spowodowane przez osobę, która zagwarantowała tę znajomość. Dzieci czują się opuszczone przez swojego ojca, matkę. To elementarne rozczarowanie może wpłynąć na późniejszą zdolność do odnoszenia się i chęć do zaangażowania.
Dla dzieci przez długi czas po samobójstwie pozostaje emocjonalna pustka. "*Najgorsze jest to, że tak strasznie za nią tęsknisz. Jesteś w trakcie rozwoju, przechodzisz przez trudny okres dla siebie... i nagle stoisz w obliczu tych zadań sam.*"[85]- to jak opisuje to młody mężczyzna, którego matka popełniła samobójstwo, gdy miał 15 lat. Oprócz chaosu w świecie uczuć, katastrofa pojawia się również w świecie zewnętrznym. Wiele zadań do codziennego radzenia sobie z nimi musi być rozwiązanych na nowo. Często konieczne jest załatwienie bardzo praktycznych spraw. Władze państwowe, takie jak Urząd do Spraw Młodzieży, mogą teraz mieć wpływ na dalszy przebieg życia rodziny.
Dzieci i młodzież są bardzo wrażliwe na zachowanie środowiska. Reagują agresją lub wewnętrznym odosobnieniem, gdy czują pejoratywny stosunek do samobójstwa rodzica. Pomimo tego wszystkiego, co się wydarzyło, będą nadal stać u boku matki i ojca i okazywać solidarność. Ale będą też wrogo nastawieni do nadmiernej opieki motywowanej litością. Nikt nie powinien próbować zastępować zmarłego rodzica. Jest teraz miejsce w duszy, do którego nikt inny nie może nigdy wejść.
Każdy, kto chce pomóc dzieciom i młodzieży w takiej sytuacji, powinien mieć wielki szacunek dla ich bólu. Każdy, kto chce pomóc, musi zaakceptować fakt, że te dzieci i młodzież noszą w sobie nieprzewidywalny, sprzeczny chaos. Jeśli chcesz pomóc, powinieneś przede wszystkim po prostu tam być, znosić innych i udzielać wsparcia w praktycznych codziennych sprawach.

---

[84] Otzelberger, Manfred 2002 s. 100
[85] Ibid. str. 100

Cierpliwość i zrozumienie są zawsze niezbędnymi warunkami wstępnymi w doradztwie w sprawie żalu; tym bardziej jest to prawdą w takich trudnych przypadkach. Osoby, które mają intensywny kontakt z tymi dziećmi i młodzieżą, muszą oczekiwać, że będą przez nie wykorzystywane jako ekran projekcyjny dla ich uczuć i agresji.

Dzieci, które poniosły samobójstwo rodzica, zwykle same sobie radzą z samobójstwem. *"Wkrótce po jej śmierci, zastanawiałem się, co by się stało, gdybym też się zabił."*[86] Na początku główny nacisk kładzie się na chęć ponownego połączenia się z osobą znajomą. Później wielu z nich zajmuje się kwestią, czy skłonności samobójcze mogą być związane z rodziną i jak daleko może się posunąć ich własna chęć do odebrania sobie życia. Samobójstwo rodzica jest postrzegane w biografii jako rana trwała; rana, która blizna jest powolna i ciężka. Czy ta rana później zaprosi cię do zakończenia twojego własnego życia, czy raczej zachęci cię do zwracania ostrożnej i świadomej uwagi na twoje życie i życie innych zależy od różnych czynników. Decydujące znaczenie będzie miało to, czy te dzieci i młodzież pozostaną same ze swoim żalem, z pytaniami, czy też znajdą ludzi, którzy są dla nich.

[86] Otzelberger, Manfred 2002 Cytat Frank Schäfer (pseudonim) s. 100

## Opieka psychologiczna i duszpasterska

*"...nie radziłbym nikomu bez ludzi "pierwszej pomocy", aby starał się towarzyszyć przy pierwszych krokach z rozpaczy i w żałobie.*[87]

Żałobnicy potrzebują ludzi, którzy są tam dla nich i którzy towarzyszą im w żałobie. Tym bardziej jest to powód, dla którego wszyscy poszkodowani, którzy stracili daną osobę przez samobójstwo, są zależni od pomocy w bliskości i opiece. Ze względu na nadmierne wymagania, chaos emocjonalny oraz ostre i długotrwałe psychologiczne skutki samobójstw, często konieczna jest nie tylko pomoc ludzka ze strony osób znanych, ale także kompetentna pomoc psychologiczna i duszpasterska specjalisty. To właśnie ze względu na skłonność krewnych do izolacji i samoodizolowania się po samobójstwie wsparcie psychologiczne dla poszkodowanych może stać się dla nich decydującym fundamentem, aby mogli żyć z tym, co się stało i odnaleźć własną drogę żałoby. "Nie pozwoliła mi jej *pomóc. Który lubi przyznawać, że nie może poradzić sobie ze swoim psychicznym cierpieniem! Teraz potrzebuję terapeuty zamiast niej. Teraz muszę przyznać, że potrzebuję pomocy."*[88]

W tej sytuacji najważniejszym zadaniem opieki psychologicznej jest sprawić, aby dana osoba czuła, że nie jest pozostawiona sama sobie. Jednym z podstawowych życzeń żałobników jest: *"Nie zostawiaj mnie samego, nawet jeśli chcę być często sam."*[89] Wsparcie duszpasterskie i psychologiczne tworzy przestrzeń ochronną dla krewnych, która przyjmuje ich z całym ich bólem, żalem, pytaniami, lękami, złością i agresją, a jednocześnie daje im schronienie przed obciążającymi spojrzeniami, ocenami i oskarżeniami z zewnątrz.

*"Ludzie w ekstremalnych sytuacjach potrzebują pomocy tak szybko, jak to możliwe... potrzebują pierwszej pomocy psychicznej, nie można jej pozostawić przypadkowi."*[90]

Już przy przekazie wiadomości o samobójstwie krewni powinni otrzymać wsparcie psychologiczne. Zazwyczaj taki komunikat wywołuje ostrą sytuację stresową. W tym momencie kluczowa staje się pomocna, empatyczna rozmowa. Ta rozmowa ma na celu złapanie zainteresowanych osób i pomóc im podjąć się tego, co się stało. Powinna ona przede wszystkim przekazywać

---

[87]Thomas, Johannes 2004 Cytat R.K. str.52
[88]Ibid. cytuję S.B. str. 60
[89] Otzelberger, Manfred 2002 Cytat Dorothea Rau-Lembke s. 153
[90] Ibid. cytuję Andreasa Müllera-Cyrana s. 158

uczucia. Doradca psychologiczny nie może, nie chce i nie może udzielić odpowiedzi na pytanie "Dlaczego! *"Lepiej znosić ciszę, bezmowę i przerażenie."*[91] Oprócz paraliżu, w którym krewni nie wykazują prawie żadnych reakcji i znajdują się w stanie, w którym ich zdolność postrzegania wydaje się być poważnie ograniczona, mogą również wystąpić skrajne wahania uczuć i reakcji, z atakami paniki, niepokoju, strachu, agresywnych pędów i rozpaczy. Wówczas psychologiczny rozmówca jest pomocnym punktem spoczynku pośród postrzeganego chaosu. Terapeutycznie rozmowa może przynieść ulgę emocjonalną, pomagając danej osobie w wyrażeniu własnych uczuć i doznań. Wczesny kontakt psychologiczny służy jako interwencja kryzysowa, a także jako zapobieganie samozagrażającym sobie zwarciom i reakcjom paniki.

Innym ważnym aspektem wczesnej opieki psychologicznej jest zapewnienie wsparcia dla krewnych w zakresie komunikowania się i aktualnych wymagań praktycznych. Lista może być tworzona razem: Co mam robić dalej? Z kim jeszcze mamy się kontaktować? Gdzie mogę znaleźć odpowiednie numery telefonów? W tym celu należy zachęcać i wzmacniać krewnych, aby w miarę możliwości sami prowadzili niezbędne rozmowy kontaktowe.

We wczesnej opiece psychologicznej ważne jest również, aby zapewnić płynną kontynuację pomocy i wsparcia dla krewnych. Wraz z osobami poszkodowanymi rozważa się, którzy powiernicy powinni zostać powiadomieni w celu aktywizacji wsparcia ludzkiego i społecznego. W razie potrzeby może być dołączony pastor. Kroki do dalszej opieki psychologicznej są uzgadniane z krewnymi. W razie potrzeby należy skontaktować się z odpowiednimi instytucjami terapeutycznymi, poradniami lub psychologami. Jeśli krewny życzy sobie dalszej opieki ze strony "pierwszego pomocnika", należy umówić się na wizytę kontrolną. Numer telefonu daje osobie zainteresowanej możliwość szybkiego i łatwego skontaktowania się z jej wsparciem psychologicznym, niezależnie od terminu spotkania, jeśli stanie się ono dla niej pilne.

Jeśli istnieje ryzyko zagrożenia siebie przez osoby dotknięte chorobą, należy zorganizować przyjęcie do szpitala lub na oddział psychiatryczny.

W przypadku uzgodnienia dalszego wsparcia psychologicznego, doradca powinien być przygotowany na intensywne i długoterminowe wsparcie. Samobójstwo oznacza, jak już zostało opisane, poważne psychologiczne cięcie dla krewnych. Aby nauczyć się żyć z tym doświadczeniem, potrzeba

---

[91] Otzelberger, Manfred 2002 Cytat Andreas Müller-Cyran s. 160

dużo czasu i cierpliwości. Pytania, wspomnienia, bóle własne są zawsze poszukiwane na nowo. Często zdarza się, że osoba dotknięta chorobą kręci się w kółko. Podczas gdy środowisko wróciło już do normy, krewni nadal będą uczestniczyć w tych wydarzeniach, w ich żałobie. Stwarza to emocjonalny dystans pomiędzy tymi, którzy znajdują się w kręgu bólu, a tymi, którzy są na zewnątrz. Krewni czują, że obciążają i "denerwują" innych swoimi zawsze tymi samymi tematami i historiami. Ale nie mogą nic na to poradzić: ich myślenie i uczucia będą przez bardzo długi czas krążyć wokół samobójstwa; lub mówiąc jeszcze wyraźniej: ich myślenie i uczucia będą przez bardzo długi czas krążyć **wyłącznie** wokół samobójstwa. Dla krewnych najcenniejszą pomocą będzie posiadanie odpowiednika, adresata ich cierpienia. W schronisku towarzystwa psychologicznego mogą przebywać z "swoim" tematem, rozmawiać o nim, być jak się czuje. Mogą zabrać tyle czasu, ile potrzebują na swój żal. W przeciwieństwie do sytuacji, w której osoby dotknięte chorobą pozostają same z sobą, w ramach opieki psychologicznej można w odpowiednim czasie zaobserwować zaburzenia somatyczne i psychiczne oraz zapewnić odpowiednie wsparcie i doradztwo. Jednocześnie doradca psychologiczny będzie empatycznie zachęcał krewnych do stopniowego powrotu do życia w małych krokach.

Dla przebiegu poradnictwa psychologicznego ważne jest, aby doradca wiedział o wszelkich zaburzeniach psychicznych, które mogą występować u osób pozostających na utrzymaniu. Z jednej strony jest to istotne dla wsparcia indywidualnego. Z reguły zaburzenia psychiczne, które istniały już przed samobójstwem, nasilają się przez dalszy stres psychiczny, który obecnie ma miejsce. Niektóre reakcje, zwłaszcza te niezrozumiałe na pierwszy rzut oka i nieodpowiednie do sytuacji, byłyby dla konsultanta zrozumiałe. W przypadku poważnych zaburzeń, takich jak depresja lub schizofrenia, należy zadbać o to, aby osoby dotknięte chorobą zostały objęte opieką specjalistycznej pomocy psychiatrycznej. W pewnych okolicznościach w takich przypadkach niezbędna jest terapia wspomagana lekami lub nawet tymczasowe zakwaterowanie w klinice.

Z drugiej strony, wiedza o istniejących zaburzeniach daje doradcy wgląd w system rodzinny, w którym popełniono samobójstwo. Zrozumienie miejsca samobójstwa w historii rodziny może pomóc doradcy lepiej ocenić dynamikę smutku i procesów psychologicznych w rodzinie. Pytania, które następnie odgrają rolę w trakcie konsultacji, mogą obejmować Czy były już wcześniejsze przypadki samobójstw w rodzinie? Czy krewny, który odebrał sobie życie, cierpiał na zaburzenia psychiczne? Czy on był poważnie chory? Czy był w traumie z powodu szczególnego doświadczenia? Czy on już próbował popełnić samobójstwo? Czy były jakieś oznaki lub oznaki samobójstwa? Jak jego zachowanie zostało ostatnio ocenione przez krewnych? Czy w rodzinie były jakieś przerwy, konflikty lub kłótnie? Jaka atmosfera ukształtowała życie rodzinne? W jakiej roli i na jakiej odpowiedzialności widzą siebie w tym wydarzeniu zainteresowani krewni? Odpowiedzi udzielone przez krewnych nie zawsze muszą odzwierciedlać obiektywne fakty. Odzwierciedlają one jednak postrzeganie i stan psychiczny danej osoby i dlatego są ważne dla wsparcia psychologicznego. Poza ekstremalnym stresem psychologicznym wywoływanym obecnie przez samobójstwo, stare, długotrwałe konflikty i problemy wewnętrzne mogą również wydostać się na powierzchnię. Te konflikty i problemy mogą być zarówno indywidualne, jak i rodzinne. Wgląd w historię rodziny pomaga doradcy w identyfikacji zasobów, a nawet zagrożeń dla procesu żałoby. Wreszcie, nie tylko pojedynczy członek rodziny, ale cały system rodzinny zostaje dotknięty poważnym kryzysem przez samobójstwo, o czym należy pamiętać w trakcie udzielania porad.

*"Musimy nauczyć się, że nie zawsze żałujemy.... w tym samym czasie, gdyby przyjaciele nie pomogli nam zrozumieć, jak żal może rozdzielić dwie osoby, które z tęsknotą pragną się pocieszyć, nie wiem, co by się z nami stało.*[92]

W pierwszej fazie wsparcia psychologicznego głównym celem będzie ponowne nawiązanie kontaktu z osobami poszkodowanymi. Krewni są zdrętwiali. Chroni ich to na jakiś czas, ale szok, paraliż i represje blokują drogę do żałoby. W kontakcie ze światem zewnętrznym muszą one funkcjonować; także tutaj niepokoją obezwładniające uczucia. I wiedzą, że te uczucia, które czają się głęboko w ich wnętrzu, są obezwładniające. W chronionej przestrzeni opieki psychologicznej, krewni mogą odpocząć od blokad i poczuć się znowu sobą. Ale to również wprowadza ból do jej świadomości.

Jednak ten ból jest naturalną i niezbędną reakcją emocjonalną na to wydarzenie. Z bólem pojawiają się inne uczucia: Strach, impotencja, rozpacz. To zrozumiałe, że krewni boją się mocy tych uczuć. Doradca będzie zachęcał krewnych do postrzegania, pozwalał i umożliwiał przepływ wszystkich tych uczuć. Przede wszystkim mogą one wyrażać swoje uczucia w dowolnej formie. W opiece psychologicznej pozbawieni są oni sądowniczego spojrzenia na świat zewnętrzny, a jednak nie są sami ze swoimi uczuciami. Krewni mogą się dowiedzieć, że wszystkie te uczucia należą do nich, są ich częścią i mają swoje uzasadnienie. Specjalne wsparcie psychologiczne

[92] Thomas, Johannes 2004 Cytat z Kleista str.61

będzie potrzebne, jeśli uczucia są problematyczne lub sprzeczne dla krewnych. W szczególności należy zwracać większą uwagę na poczucie winy i agresywne emocje w poradnictwie. Gniew może być skierowany na siebie lub swoje otoczenie, ale gniew wobec zmarłego jest również normalną reakcją w tej sytuacji. *"To jedna z najtrudniejszych rzeczy do zrobienia: poczuć gniew, jaki w nim powstaje."*[93] Nierzadko zdarza się, że poszkodowani są źli na osobę, która ich opuściła. Gniew na zmarłego nie pasuje do konwencjonalnego schematu żałoby. Ale samobójstwo nie jest "konwencjonalne". Sprzeczność uczuć jest naturalną konsekwencją tej sytuacji. Żal i złość żyją w duszach tych krewnych. Poradnictwo psychologiczne będzie wtedy polegało na zachęcaniu członków rodziny, aby poczuli w sobie ten gniew i pozwolili sobie na jego odczuwanie. *"Minęły kolejne trzy miesiące, zanim Theresa, nie czując się strasznie winna, mogła sobie powiedzieć, jak bardzo jest zła na swojego brata, który odebrał sobie życie, zamiast szukać pomocy."*[94]

Będzie to bardzo decydujący, stały krok w kierunku wsparcia osób poszkodowanych w znalezieniu własnego sposobu komunikacji. "*Oczywiście, ci, których to dotyczy, muszą sami wykonać ciężką pracę, by znaleźć nowy język. Stoją przed tym podwójnym zadaniem: nauczyć się mówić po uciszeniu się w bólu i wybrać odpowiedni język, który nie zaprzeczy szacunkowi dla zmarłych i cierpiących".*[95] Opisana już kilkakrotnie tendencja krewnych samobójców do izolacji i samoizolacji sprawia, że jest to centralne, istotne zadanie w opiece nad osobami dotkniętymi chorobą. Krewni chcą się komunikować. Chcą rozmawiać: o tym, co się stało i o tym, co się z nimi stało, w nich. Jak tylko odbierają swoje uczucia, chcą dać im wyraz, dźwięk i kształt. Chcą zachować żywą pamięć o zmarłym i mają prawo ciągle zadawać te same pytania, nawet jeśli wiedzą, że nie uzyskają zadowalających odpowiedzi. Ale z jednej strony, brakuje im słów, aby powiedzieć niewypowiedziane; z drugiej strony, napotykają odrażające ściany w swoim otoczeniu. Często pozostają one uwięzione w dręczących soliloquies. W ten sposób wsparcie psychologiczne staje się cennym miejscem, w którym komunikacja o tym, co się dzieje, może odbywać się z partnerem, bezpośrednim odpowiednikiem. Poprzez ostrożne zadawanie pytań i empatyczną rozmowę promuje się naukę języka wśród osób, których to dotyczy. Tam, gdzie brakuje (jeszcze) słów, obrazy, symbole, symboliczne akty lub rytuały mogą wyrażać myśli i uczucia żałobników. Możliwość

---

[93] Thomas, Johannes 2004 str.35

[94] Thomas, Johannes 2004 Cytat Ann Kaiser Stearns str.38

[95] Tamże, str. 54.

ostatecznej rozmowy i możliwość mówienia często przynosi ulgę i uzdrowienie dla osób dotkniętych chorobą. Znalezienie języka ułatwia żałobnikowi stopniowe zrozumienie tego, co się stało, przyznanie się do własnych uczuć i przekazanie ich światu zewnętrznemu. Stwarza to nowy problem: krewny zostaje wrzucony w emocjonalny chaos przez rozpalone emocje. "W *fazie łamania emocji powstaje prawdziwy chaos emocji. Zmieniający się chaos sprzecznych emocji odzwierciedla ogólny nieład i ponowne ułożenie świata żałobnika.*[96] Teraz, z pomocą wsparcia psychologicznego, możliwość bycia w ustrukturyzowanej, ciągłej komunikacji może stać się punktem spoczynku pośród chaosu, z którego osoba dotknięta chorobą odzyskuje kontrolę i porządek krok po kroku. Komunikacja, rozmowa o własnych uczuciach pomaga osobie dotkniętej chorobą wytrzymać ból, strach, złość i bezsilność i zachęca do tego, by pozwolić innym ludziom doświadczyć tych uczuć. Rozmowa w ramach opieki psychologicznej staje się ważnym poligonem treningowym, aby następnie stopniowo odważyć się na komunikację zewnętrzną, do świata, do codziennego życia.

Jednym z aspektów, który musi być brany pod uwagę przy udzielaniu wsparcia psychologicznego krewnym po samobójstwie, jest poczucie winy. "*Ale deklaracje, które mogą się tu pojawić, nie powinny milczeć... Niemy dialog, który nie znajduje już odpowiedzi, wymaga rozmowy z ludźmi."*[97] Również w tym przypadku obowiązuje podstawowa zasada: można wyrażać wszystkie uczucia, które poruszają daną osobę. Celem wywiadu jest wyraźniejsze określenie, gdzie znajdują się rzeczywiste niepowodzenia i rzeczywiste pominięcia. Stawienie czoła własnej winie może być dla tych, których to dotyczy, doświadczeniem zmieniającym życie. Mogą załamać się w kwestii winy, albo znaleźć sposób, który pozwoli na przebaczenie. "...w *końcu, pokonanie poczucia winy i winy zależy od tego zdania:* ***wybaczyć sobie.***"[98] Taka ścieżka prowadzi przez mentalne objazdy, ślepe zaułki i rozciąga się na pustynię, a doradca psychologiczny będzie jej towarzyszył. To, czy się uda, zależy od chęci udzielenia przebaczenia nie tylko sobie, ale i zmarłemu. Przebaczenie w obu kierunkach może wtedy - po wewnętrznych zmaganiach, wątpliwościach i długim czasie - doprowadzić w końcu do uzdrawiającego pojednania. Pomaga niektórym krewnym komunikować się z ich zmarłymi. *"Ja też staram się z nim rozmawiać, trupem. Proszę o zrozumienie i przeprosiny... I od czasu do czasu mam wrażenie, że dostaję*

[96] Domay, Erhard i Methcuff, Annedore 2004 Cytat Christopha Morgenthalera s. 106
[97] Thomas, 2004 str.41
[98] Tamże. str. 47

*jego odpowiedź."*[99] Oferty duchowe, takie jak spowiedź, mogą również przynieść cenną ulgę osobom poszkodowanym. Z drugiej strony istnieje niebezpieczeństwo, że osoby poszkodowane zamienią się we własne "więzienie winy", z którego nie będą mogły się wydostać bez pomocy z zewnątrz. Takie emocjonalne więzienie jest tworzone przez fakt, że różne czynniki wzajemnie się wzmacniają. Jest to samobójstwo, które samo w sobie może już wywołać silne poczucie winy. Wystąpiły rzeczywiste pominięcia, które mieściły się w zakresie całkiem normalnych usterek, a także konflikty w relacjach, jak to ma miejsce wszędzie. Po samobójstwie te rzeczy nagle przybierają zupełnie inny ciężar. Istnieje tendencja do przyjmowania poczucia winy za własne życie. I wreszcie, co nie mniej ważne, oskarżenia są wnoszone do osób poszkodowanych z zewnątrz. W psychologicznej rozmowie towarzyszącej osobie dotkniętej chorobą można pomóc w dokładniejszym i lepszym rozróżnieniu dla siebie. *"Bo mówienie pomaga, płacz pomaga, wylewanie serca pomaga rozpoznać upiorną naturę jakiejś winy". Pomaga odróżnić to, co może być naprawdę przegapione od tego, co emocjonalny niepokój każe nam zrobić."*[100]

Ważnym aspektem opieki psychologicznej będzie aktywizacja społecznej rekonstrukcji. Doradca psychologiczny będzie zachęcał i wspierał krewnych w nawiązywaniu dalszych kontaktów, które będą dla nich korzystne. Na razie tylko kilka wybranych osób będzie się kwalifikowało. Specjalną rolę może odegrać odpowiednia grupa samopomocy. We wszystkich częściach Niemiec istnieją grupy żałobne. Jeszcze lepsze są specjalistyczne grupy samopomocy, takie jak grupy "Osieroconych rodziców" lub "Krewnych wokół samobójstwa".[101]Osobą kontaktową może być również lokalny ruch hospicyjny. "*Ale są szanse, które czekają na zrozumienie. Pamięć i żałoba znajdują przestrzeń bez otworu w dole bez dna. Grupy wsparcia to taka przestrzeń. Spotkanie z innymi, którzy doświadczyli podobnych rzeczy, tworzy coś, na co trudno było mieć nadzieję: uważne słuchanie, empatia, a przede wszystkim "bezsłowne rozumienie"*"[102] Informacje o grupach samopomocy można znaleźć w Internecie. W ramach opieki psychologicznej, krewni są zapoznawani z ofertą grup samopomocy i otrzymują wsparcie w nawiązywaniu kontaktów.

Większość krewnych nie zajmowała się wcześniej tematem samobójstw. Nagle stali się ofiarami, ale mają niewielką wiedzę merytoryczną na temat

---

[99] Ibid. cytuję G.R. s. 49
[100] Thomas, Johannes 2004 str.41
[101] wykaz adresów znajduje się w załączniku
[102] Thomas, Johannes 2004 str.64

samobójstw. Często sami borykają się z błędnymi wyobrażeniami, a często ich własne uprzedzenia obciążają proces żałoby. W poradnictwie psychologicznym osoby poszkodowane mogą uzyskać ulgę, informując je o samobójstwie i jego podłożu. Obejmuje to informacje na temat wszelkich zaburzeń psychicznych, jakie może mieć ofiara samobójstwa. Jeśli krewni dowiedzą się więcej o konkretnym charakterze zaburzenia, takiego jak depresja czy schizofrenia, mogą lepiej sklasyfikować samobójstwo i zrozumieć, co się stało jako część choroby.

*"Choć wiem, że pociąg, który zabił Annę, był tylko środkiem do celu, pociągi wciąż zabijają dla mnie potwory, każdy pociąg, który słyszę, przypomina mi o tym.*[103] "Wsparcie psychologiczne ma na celu wsparcie osoby dotkniętej bólem w znalezieniu sposobu na życie z bólem, z żalem". Oznacza to, że osoba dotknięta chorobą otrzymuje pomoc psychologiczną, aby żyć ze strachem, traumatyzmem i stresującymi wspomnieniami. Doradca psychologiczny musi być bardzo uważny na osobę dotkniętą chorobą, kiedy proces poważnej żałoby zamienia się w zaburzenie psychiczne, które następnie wymaga dalszej pomocy psychologicznej. Szczególną uwagę należy zwrócić na wyżej wymienione zaburzenia - zaburzenia lękowe, zaburzenia stresu pourazowego, nadużywanie alkoholu i narkotyków, zaburzenia snu i zaburzenia psychosomatyczne. Jeżeli wsparcie psychologiczne wykaże epizod depresyjny lub trwałe zaburzenie afektywne, osoba zainteresowana musi zostać skierowana do specjalisty. W takich przypadkach konieczne może być leczenie farmakologiczne lekami przeciwdepresyjnymi.

Krewni ofiar samobójstw ponoszą obecnie zwiększone ryzyko samobójstwa. Konfrontacja z samobójstwem wyzwala nie tylko bezsilność i rozpacz, ale także własne wyobrażenia o samobójstwie. Obniżony zostaje wewnętrzny próg zahamowania samobójstw. Z tego powodu należy zbadać ryzyko samobójstwa w kontakcie z zainteresowanymi osobami. Szczególną uwagę należy zwrócić na wewnętrzny stosunek członka rodziny do jego własnego samobójstwa. Dzięki bezpośrednim pytaniom o życzenie śmierci, myśli i fantazje samobójcze, jak również intencje samobójcze, osoba dotknięta chorobą otrzymuje możliwość zajęcia się własnymi skłonnościami samobójczymi. *"Szczególnie mówienie o myślach samobójczych prowadzi do ulgi i przerwania samobójczej izolacji i zwężenia. Pacjent dowiaduje się, że jego sygnały niepokoju są akceptowane i że pomoc jest w zasadzie możliwa... Obawy, że pacjent może mieć samobójcze pomysły tylko poprzez*

[103] Thomas, Jan Cytat Paulina 2004 str.74

*zadawanie odpowiednich pytań, są nieuzasadnione*[104]. Badacz samobójstw Ringel opisuje zespół przedsamobójczy jako przejawy przed popełnieniem samobójstwa lub próby samobójczej w następujący sposób: "*Doświadczenie beznadziei, wycofanie się ze społeczeństwa, ciągłe zajmowanie się myślami o śmierci*[105]". Jeśli u krewnego zdiagnozowano obecny kryzys samobójczy, w którym istnieje ostre ryzyko popełnienia samobójstwa, należy niezwłocznie powiadomić służby ratownicze, tj. W międzyczasie osoba dotknięta chorobą jest przyłapywana z intensywną uwagą i poprzez rozmowę.

Głównym celem opieki psychologicznej jest znalezienie takiej formy żałoby, która pozwoli żyć z tymi straszliwymi wydarzeniami. Żal i pamięć są nierozłączne. "*Dobrze jest dalej kopać wspomnienia, kopać stare historie z innymi. Pytania: Pamiętasz? ...Pamiętanie pomaga nam zobaczyć, z jakiej przeszłości pochodzimy, a następnie znaleźć drogę, która prowadzi dalej.*"[106] Na początku pamięć zawsze będzie kręcić się wokół samobójstwa i wyzwalać związane z nim uczucia. Ale nawet po samobójstwie krewni mają prawo do dobrych wspomnień. Mimo wszystko jest tak wiele dobrego i cennego, że warto je zachować. Krewni potrzebują własnej ścieżki pamięci, aby na nowo odkryć i umożliwić piękne i dobre wspomnienia, które kryją się za głębokimi urazami spowodowanymi przez samobójstwo. Dobre wspomnienia pomagają postrzegać własną relację ze zmarłym w bardziej zróżnicowany sposób. Dominacja samobójstwa, która przyćmiewa smutek, relatywizowana jest małymi krokami. Na tej drodze, krewni potrzebują stałego wsparcia i zachęty. W procesie tym mogą oni zdobyć decydujące doświadczenia, które ostatecznie pozwolą nawet na zmianę poglądu, na nową ocenę samobójstwa. "*Chyba nie myślał o dzieciach, które zostawił, ani o mnie, ani o domu. Nie chodziło o to, żeby zostawić innych, on chciał zostawić siebie samego.*"[107] Ból, otwarte pytania pozostaną i prawdopodobnie będą towarzyszyć żałobnikom na zawsze. Ale krewni mogą dotrzeć do punktu, w którym zaakceptują decyzję swojego zmarłego. Jak każda żałoba, żałoba po samobójstwie w końcu ma na celu odpuszczenie zmarłej osoby.

"*Musimy zaakceptować los zmarłego, puszczając go wolno, nie chcemy go już dłużej trzymać, bo on też nie chce. W ten sposób oddajemy mu jego godność i uwalniamy się od odwiecznego pytania dlaczego. Nigdy się nie dowiemy. Zaakceptowanie ograniczeń wiedzy jest niezwykle trudnym*

---

[104] Möller, Hans Jürgen Laux, Gerd and Deister, Arno 2005 str.392
[105] tamże. s. 389
[106] Cynk, Jörg 1992 s. 24
[107] Thomas, Johannes 2004 str.31

*ćwiczeniem.*[108] Samobójstwo pozostawia ranę w duszy, ale nie będzie to jedyna rzecz, która kształtuje pamięć i relację ze zmarłym. Odpuszczenie jest możliwe, ponieważ wewnętrzne połączenie pozostaje, ale nie musi już być wiązaniem. Wraz z jego samobójstwem, zmarły otrzymuje miejsce w swoim własnym życiu. Samobójstwo jest częścią biografii i będzie towarzyszyć dalszemu biegowi życia, jednak jego dominujący wpływ na uczucie i myślenie jest coraz bardziej spychany do tyłu.
Zawsze są to pojedyncze kroki, przeważnie małe i rzadko większe, które krewni ośmielają się podjąć, aby wyjść z cienia samobójstwa z powrotem w światło życia. Wsparcie psychologiczne pomoże krewnym w każdej fazie ich żałoby, w odnalezieniu takiego powrotu do życia, w reorientacji na własną, dalszą drogę życia.

---

[108] Otzelberger, Manfred 2002 Cytat Renate Bauer-Mehren s. 160

## Podsumowanie

Samobójstwo członka rodziny jest niezwykle stresującym wydarzeniem psychologicznym. Prowadzi to do sytuacji kryzysowej dla osób poszkodowanych, w której są one uzależnione od wsparcia i wskazówek. Oprócz pomocy ludzkiej w rodzinie i w gronie przyjaciół, może być konieczne profesjonalne wsparcie psychologiczne. Możliwość takiej opieki może decydować o tym, jak przebiega proces żałoby.

Pierwsze rozmowy służą zachęceniu osób poszkodowanych do ponownego skontaktowania się ze sobą i umożliwienia przyjęcia ich żalu. Doradztwo psychologiczne zapewnia chronione ramy, aby zachęcić członków rodziny do okazania wszystkich swoich uczuć i zadawania pytań. W szczególności uczucia, które są postrzegane jako uciążliwe, takie jak poczucie winy, złość, strach i bezsilność, mogą znaleźć miejsce i w ten sposób stracić swoją niszczycielską dominację. Poza rozmową, znaczenia mogą nabrać także wyrażenia niewerbalne.

Przygotowanie nabożeństwa pogrzebowego i aktywne zaangażowanie krewnych pomaga osobom dotkniętym śmiercią, ale także pomaga w uporaniu się z wartością trwałych wspomnień.

Z reguły przebieg akompaniamentu doradczego jest dłuższy i składa się z różnych etapów. Pierwsza faza zapewni ostrą pomoc i wsparcie w intensywnej formie, aby pomóc dotkniętym osobom dostrzec smutek i stratę. W drugiej fazie, poradnictwo służy wsparciu krewnych w konfrontacji z samobójstwem. Trzeci etap zachęca osoby poszkodowane do włączenia samobójstw do swojego życia i zwrócenia uwagi na przyszłość.

Doradca (doradcy) musi (muszą) być świadomi, kiedy proces żałoby zamienia się w zaburzenie psychiczne i odpowiednio reagować. Należy również zbadać ryzyko samobójstwa. W razie potrzeby należy skierować osobę zainteresowaną do specjalistycznej pomocy medycznej i psychiatrycznej.

Wsparcie psychologiczne pomoże krewnym w każdej fazie ich żałoby znaleźć nową orientację na ich własnej, dalszej drodze życia.

## Hasło końcowe

Samobójstwo nie powinno być rozumiane jako synonim tęsknoty za śmiercią. Samobójstwo oznacza raczej tęsknotę za ochroną, bezpieczeństwem i pokojem. Ktokolwiek się zabije, chce żyć, ale nie może już tego robić.
Jeśli chcemy zrobić coś przeciwko samobójstwom, musimy wzmocnić życie - i pokazać realistyczne możliwości ochrony, bezpieczeństwa i spokoju ducha.
Tam, gdzie doszło do samobójstwa, wymagana jest godność, a nie osąd.
Najbardziej decydującą rzeczą, jaką możemy zrobić, aby przeciwdziałać samobójstwu - zanim stanie się ono rzeczywistością, ale także później - jest miłość.
Bo "miłość jest silna jak śmierć"[109]

Dzieło to dedykuję mojej siostrze, która wpadła na pomysł, aby odwiedzić niemiecką Heilpraktikerschule oraz mojej żonie, która w wyjątkowy sposób pokazuje mi każdego dnia na nowo piękno i wartość życia.
Chciałbym podziękować wykładowcom i moim kolegom z niemieckiej Heilpraktikerschule za wszystko, czego mogłem się od nich nauczyć.
Gera, październik 2008 r.

[109] Pieśń Salomona, zwana również Pieśnią nad Pieśniami, rozdział 8, wers 6

## Załącznik/ Odniesienia

*Literatura*

Altmann, Bärbel w ramach kursu "Studia prawnicze/zarządzanie praktykami". Niemiecka szkoła dla praktyków alternatywnych 2008

Biblia po przetłumaczeniu przez Marcina Lutra
Główne Protestanckie Towarzystwo Biblijne w Berlinie i Altenburgu 3. wydanie 1987 r.

Christoph Morgenthaler in Domay, Erhard and Methfessel, Annedore Hrsg. "Arbeitsbuch Trauernde begleiten - Erfahrungen, Konzepte und Gottesdienste aus der Praxis der Trauerarbeit" (Workbook Accompanying Mourners - Experiences, Concepts and Services from the Practice of Mourning Work)
Gütersloher Verlagshaus GmbH, Gütersloh 2004

Protestancki hymnbook
Stowarzyszenie Prasy Protestanckiej dla Bawarii e.V. bez roku

Iris Bartenstein "Tendencje samobójcze w dzieciństwie i dorastaniu"
Specjalne osiągnięcia w nauce jako praca semestralna związana z kursem w odniesieniu do psychologii
Kurs zaawansowany 2002

Kierownictwo Kościoła Zjednoczonego Ewangelicko-Luterańskiego Kościoła Niemcy "AGENDA dla Ewangelicko-Luterańskich Kościołów i Zgromadzeń Tom III Akty urzędowe Część 5 "Pogrzeb"".
Wydawnictwo Luterańskie Hannover 1996

Kunsch, Elvira "Interwencja kryzysowa i samobójstwo
Scenariusz niemiecka szkoła dla praktyków alternatywnych 2007

Löchel, Michael "Samobójstwa w dzieciństwie i dorastaniu". Przyczyna, związek z psychozą, wczesne wykrywanie i interwencja".
w: Forum Psychiatrii Dzieci i Młodzieży oraz Psychologii Dzieci" 2/ 2002

Möller, Hans Jürgen Laux, Gerd and Deister, Arno "Psychiatria i psychoterapia" Georg Thieme Verlag 3rd edition Stuttgart 2005

Otzelberger, Manfred "Samobójstwo"
dtv Monachium 2002

StGB - Kodeks karny
Beck - Teksty na dtv, dtv Monachium 1992

Thomas, Johannes (Eds.) "W cieniu twojej śmierci - drogi przez smutek po samobójstwie"
Gütersloher Verlagshaus GmbH Gütersloh 2004

Zink, Jörg "Żal ma uzdrawiające siły"
Wydawnictwo Kreuz Stuttgart 1992

*Strony internetowe*

Croissant, Manfred "Podanie ręki na siebie - gdy strach przed życiem staje się większy niż strach przed śmiercią", Pfälzer Pfarrerblatt w
www.pfarrerblatt.de/text_168.htm
odzyskane w dniu 09.06.2008 r.

Dreyer, Jürgen "Samobójstwo" 05.09.2007 w
www.planet-wissen.de/pw/printartikel
odzyskiwany 08.07.2008

http://www.embjapan.de/japan-f.a.q/japan-geschichte-was-ist-seppuku-.html
odzyskane 08.07.2008

http://www.franz-ruppert.de/html/hauptteil_suizid.htm
odzyskiwany w dniu 15 października 2008 r.

http://www.heiliges-indien.de/sati.htm
odzyskiwany 08.07.2008

Kuhr, Rudolf "Emigracja bez powrotu"? - A food for thought", 2007 w
www.humanistische-aktion.de/trauer.htm#sui
odzyskiwany w dniu 10.06.2008 r.

Löchel "Oznaki ryzyka samobójczego u dzieci i młodzieży", 2002 r. na stronie http://www.teachsam.de/pro/pro_selbsttt/pro_sui_jug/pro_suiz_jug_2.htm odzyskiwany 20 września 2008 r.

Pöldinger "Od myśli samobójczych do samobójstwa", 1998 r. na stronie http://www.teachsam.de/pro/pro_selbsttt/pro_sui_jug/pro_suiz_jug_2.htm odzyskiwany 20 września 2008 r.

Saigo 20.12.2005 w http://www.embjapan.de/forum/harakiri-t1191-s110.html odzyskiwany 09.07.2008

http://de.statista.org/statistik/daten/studie/584/umfrage/zahl-der-sterbefaelle-durch-suizid-nach-bundeslaendern/ odzyskiwany 24 lipca 2008 r.

Union of Progressive Jews in Germany e.V. "Suicide" in http://www.liberale-juden.de/cms/index.php?id=66#112 odzyskane w dniu 09.06.2008 r.

Wikipedia "Samobójstwo" http://de.wikipedia/org/suizid#Juristische_Bewertung odzyskiwany w dniu 21.06.2008 r.

http://de.wikipedia.org/wiki/Suizid#Statistik odzyskiwany 25 lipca 2008 r.

## Grupy wsparcia

**AGUS e.V. Grupa krewnych o samobójstwie**
Biuro w Niemczech
Internet: http://www.agus-selbsthilfe.de
E-mail: OSHA self-help@t-online

**Punkty kontaktowe dla osób pozostających na utrzymaniu w Berlinie**
Internet: http://www.anlaufstellen-berlin.de/doku.php?id=sterben_tod_trauer:trauer_nach_suizid

**AGUS-Berlin**
Internet: https://berlin.agus-selbsthilfe.de/startseite.html
E-mail: kontakt@agus-selbsthilfe.de

**AGUS Augsburg**
Internet: http://www.agus-augsburg.de
E-mail: agus-augsburg@online.de

**Żałoba po SUIZIDZE / Bambergu**
Internet: http://www.trauer-nach-suizid.de
E-mail: Beratungsstelle@awo-bamberg.de

**AGUS-Bochum**
Internet: https://bochum.agus-selbsthilfe.de/startseite.html
E-mail: bochum@agus-selbsthilfe.de

**OGUS-Bremen**
Internet: https://bremen.agus-selbsthilfe.de/startseite.html
E-mail: bremen@agus-selbsthilfe.de

**AGUS-Chemnitz**
Internet: http://www.agus-chemnitz.de/
E-mail: agus_chemnitz@gmx.de

**AGUS-Hanover**
Internet: https://hannover.agus-selbsthilfe.de/startseite.html
E-mail: hannover@agus-selbsthilfe.de

**AGUS-Pinneberg**
Internet: https://pinneberg.agus-selbsthilfe.de/startseite.html
E-mail: aguspinneberg@gmail.com

**AGUS-Weimar**
Internet: http://www.agus-weimar.de
E-mail: Agus-Weimar@web.de

AGUS-Norymberga
Internet: https://nuernberg.agus-selbsthilfe.de/kontakt.html
E-mail: agus.gruppe.nuernberg@googlemail.com

**Rodzice osieroceni w Niemczech e.V.**
Agencja Federalna
E-mail: kontakt@veid.de
Internet: http://www.veid.de

**Istniejące i planowane grupy samopomocowe AGUS dla żałobników po samobójstwie**
https://www.agus-selbsthilfe.de/agus-gruppen/

Printed by Books on Demand GmbH, Norderstedt / Germany